本书是全国统计科学研究重点项目“全球价值链视角下制造业双边贸易的第三国效应识别与测算”（2019LZ02）的阶段性研究成果

中国制造业全球价值链长度统计指标研究

RESEARCH ON THE LENGTH OF GLOBAL VALUE CHAINS OF CHINA'S MANUFACTURING SECTORS

马风涛 ◎ 著

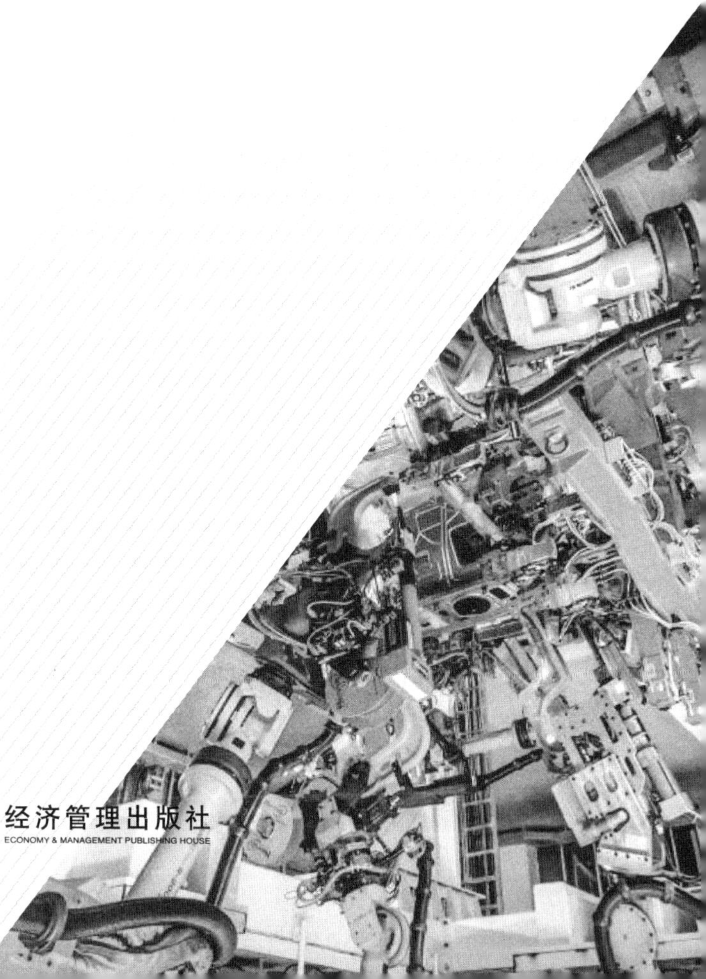

经济管理出版社
ECONOMY & MANAGEMENT PUBLISHING HOUSE

图书在版编目（CIP）数据

中国制造业全球价值链长度统计指标研究/马风涛著．—北京：经济管理出版社，2019.7
ISBN 978-7-5096-6847-4

Ⅰ.①中… Ⅱ.①马… Ⅲ.①制造工业—工业发展—研究—中国 Ⅳ.①F426.4

中国版本图书馆 CIP 数据核字(2019)第 171643 号

组稿编辑：杜 菲
责任编辑：杜 菲
责任印制：黄章平
责任校对：陈 颖

出版发行：经济管理出版社
（北京市海淀区北蜂窝 8 号中雅大厦 A 座 11 层 100038）
网 址：www.E-mp.com.cn
电 话：(010) 51915602
印 刷：北京晨旭印刷厂
经 销：新华书店
开 本：720mm×1000mm/16
印 张：11.75
字 数：185 千字
版 次：2019 年 7 月第 1 版 2019 年 7 月第 1 次印刷
书 号：ISBN 978-7-5096-6847-4
定 价：78.00 元

前　言

近年来，新一轮科技革命和产业变革蓄势待发，推动全球价值链不断深化与重构。一国制造业能否真正从全球化中获益，取决于能否成功融入和主导全球价值链、能否在全球价值链中某一特定环节占据新的竞争优势。党的十九大报告指出，要推动我国产业迈向价值链中高端，因此，中国制造业面临快速提升全球价值链分工地位的紧迫任务。在全球价值链深度调整的背景下，我们需要进一步认清和把握全球价值链发展的新动态和新特征，准确衡量中国制造业部门参与全球价值链分工的程度和特征，识别中国制造业部门在全球价值链中的准确位置。本书通过构建基于世界投入产出表的中国制造业全球价值链长度统计指标体系，准确测算和分析制造业各部门产品全球价值链长度的水平和变动趋势，考察影响制造业部门全球价值链长度的各类影响因素和作用效果，有助于衡量中国制造业部门参与全球价值链分工的程度，准确识别其在全球价值链上的真实位置，也有助于进一步提出促进我国制造业实现全球价值链升级的对策建议和可操作的实施方案。

本书的结论和观点主要体现在如下几个方面：

第一，利用世界投入产出表计算了1995～2011年中国制造业部门的垂直专业化指数、全球价值链参与度指数以及全球价值链分工地位指数，对中国制造业部门参与全球价值链分工的程度和特征进行了定量分析。从垂直专业化指数的计算结果来看，1995～2011年，中国制造业部门平均的垂直专业化指数水平呈现增长态势，表明中国制造业部门融入全球生产和贸易网络的程度不断提高。从中国制造业各部门全球价值链参与度指数的变动趋势来看，绝大部分制造业部门 2011 年的全球价值链参与度指数都比 1995 年的全球价值链参与度指数高，表明这些制造业部门积极参与全球价值链分工，从国外进口了大量中间产品用于出口，也通过中间产品出口的形式向其他国家提供原材料和零部件，参与全球价值链分工的水平日益提高。从全球价值链分工地位指数的计算结果来看，大部分制造业部门的全球价值链的地位指数都不高，说明中国制造业部门的全球价值链分工地位还有很大的提升空间。

第二，利用世界投入产出表，计算了 1995～2011 年中国制造业部门全球价值链长度指数和上游度指数。全球价值链长度指数衡量了产品在生产过程中所经历的生产阶段数目，该指数值越大，表明该部门产品的生产过程越复杂，参与全球价值链分工的程度越高。上游度指数衡量了产品在到达最终需求之前还需要经历的生产阶段数目，该指数值提高，表明该部门更加专业化生产和提供中间产品，在全球价值链的位置得到提升。通过计算发现，1995～2009 年所有制造业部门的全球价值链都变长了，但受国际金融危机的影响，在 2009～2011 年有所缩短。对全球价值链进行国内外分解后发现，1995～2009 年，所有制造业部门全球价值链的国内部分长度都呈现增长，2009～2011 年，全球价值链的国内部分长度则有所变短。全球价值链的国外部分长度在 1995～2005 年呈现增长，而在 2005～2009 年则出现较大幅度的下降，在 2009～2011 年又转为增长趋势。研究发现，全球价值链的国外部分长度的平均增长率要高于国内部分的平均增长率，反映出中国制造业部门正积极参与全球价值链分工。与国内部分长度的变动情况相比，全球价值链的国外部分长度对外部冲击的反应更为敏感而剧烈。从中国制造业部门上游度指数的计算结果来看，1995～2011 年绝大部分制造业部门的上游度水平都得到了提升，表明制造业部门在全球价值链上的分工位置获得改善。

第三，利用 OECD 编制的国家间投入产出表，通过区分不同贸易方式，对 1995～2011 年中国制造业部门各类产品的全球价值链长度指数和上游度水平进行了系统测算和比较分析。从不同贸易方式下中国制造业产品平均的全球价值链长度指数来看，国内使用产品的全球价值链长度要明显大于加工贸易出口产品和非加工贸易出口产品的全球价值链长度，而非加工贸易出口产品的全球价值链长度要大于加工贸易出口产品的全球价值链长度，原因在于制造业部门国内使用产品的生产对国内相关部门的产出和增加值有较强的拉动作用。从全球价值链长度的变动趋势来看，1995～2011 年各种贸易方式下的制造业部门产品的全球价值链长度都呈现上升趋势，说明各类产品生产所经历的生产阶段数目都在增加，生产环节日益增多。从不同贸易方式下中国制造业产品的上游度水平来看，国内使用产品的上游度水平最高，其次是非加工贸易出口产品的上游度水平，而加工贸易出口产品的上游度水平最低。这说明国内使用产品处于制造业价值链的上游位置，向其他部门提供的中间产品较多，而加工贸易出口产品多为加工组装产品，因此与国外最终需求者的距离最短。从上游度水平的变动趋势来看，1995～2011 年，各种贸易方式下的制造业部门产品的上游度水平都在提升，表明各部门中间产品的供给能力不断增强，在全球价值链中的位置有所提高。

第四，基于最新的产品增加值分解方法，利用世界投入产出表，对中国制造业部门产品的各类国内增加值进行了分解，并在此基础上对各类国内增加值的生产长度指数进行了系统测算和分析。增加值的生产长度指数衡量了各类增加值与最终产品之间的距离。从各类国内增加值生产长度的绝对值水平来看，与复杂全球价值链分工相关的国内增加值生产长度最长，其次是与简单全球价值链分工相关的增加值生产长度，而为满足国内需求的增加值生产长度位列第三，传统的最终产品贸易中的国内增加值生产长度最短，表明中国制造业部门中各类增加值所形成的全球价值链存在差异，各类增加值生产的复杂程度各不相同。从各类国内增加值生产长度的变动特征来看，所有类别的国内增加值生产长度都经历了增长过程，反映出中国制造业部门在全球价值链上的分工地位得到提升。其中，自 2005 年以来，与复杂全球价值链分工相关的增加值生产长度增长最快，表明中国制造业部门融入全球生产和贸易网络的程度进一步提高。

第五，对中国制造业部门产品的全球价值链长度和上游度的影响因素进行了实证研究，发现中国制造业部门的人均产出或劳动生产率、熟练劳动力比率、研发强度以及产品的服务增加值率的提高会增加制造业部门产品的全球价值链长度。制造业部门的垂直专业化活动会降低产品的全球价值链的国内长度，增加全球价值链的国外长度。从中国制造业部门全球价值链长度与部门产品国内增加值比率之间的关系来看，全球价值链长度的增加会提高制造业部门产品的国内增加值比率，制造业部门产品的全球价值链的国内长度增加会提高产品的国内增加值比率，但是全球价值链的国外长度延长会降低制造业部门产品的国内增加值比率。实证研究发现，人均产出、熟练劳动力的相对比率、产品的国内增加值比率以及部门研发强度的提高都有助于提升制造业部门的上游度水平。

本书提出的政策建议是：第一，中国制造业部门参与全球价值链分工的程度在不断提高，要积极顺应当前全球价值链分工模式的新变化，积极参与复杂的全球价值链分工。适当延长产品全球价值链的国外部分，充分利用国外先进的中间投入品，以获取更多的分工和贸易收益。制造业部门应积极提高劳动生产率，加强人力资本的投资力度，提高熟练劳动力比率，增加研发投入，切实增强本部门的国际竞争力。第二，中国制造业部门要进一步延长各类全球价值链的国内长度，充分利用国内市场的规模效应和庞大内需推动制造业部门实现升级。通过加强国内各部门包括制造业各部门之间的投入产出关联，进一步提升产品的国内增加值比例，提高产品生产的复杂程度。应继续调整贸易方式结构，适当提升一般贸易产品的出口比重；加快实施加工贸易升级战略，延长加工贸易产品全球价值链的国内部分长度，增强加工贸易出口对国内制造业部门产出和增加值的拉动效应。中国制造业部门应注重向生产制造与服务贸易相融合的方向转变，积极向微笑曲线两端跃迁。第三，在当前全球价值链分工面临深度调整的背景下，政府部门应进一步扩大开放力度，持续改善营商环境，继续出台促进贸易自由化和便利化的政策措施。对内加快改革进程，推动国内市场一体化建设，为中国制造业部门发展提供良好的市场环境，不断增强制造业对高端中间产品的吸收利用能力和出口供给能力，提升其在全球价值链分工中的地位。

本书的主要特色是充分利用各类可得的世界投入产出表或国家间投入产出表，从多维视角系统测算和分析中国制造业部门参与全球价值链分工的程度和特征，通过构建和计算制造业部门各类产品的全球价值链长度指标，定量测算中国制造业部门在全球价值链上的位置，为制造业部门实现价值链升级跃迁提供有针对性的政策建议。

本书在写作过程中得到山东科技大学经济管理学院各级领导的大力支持和帮助，经济与贸易系的诸位同事也为本书的写作提供了各种便利，商务部国际贸易经济合作研究院的李俊研究员、对外经济贸易大学的王颖副研究员对书稿内容提出了很多修改意见，在此深表感谢。由于笔者水平有限，写作时间仓促，所以书中错误和不足之处在所难免，恳请广大读者批评指正。

目 录

第一章
绪　论

一、研究背景和研究意义

（一）研究背景

近年来，新一轮科技革命和产业变革蓄势待发，推动全球价值链不断深化与重构。一国制造业能否真正从全球化中获益，取决于能否成功融入和主导全球价值链、能否在全球价值链中某一特定环节占据新的竞争优势。党的十九大报告指出，要推动我国产业迈向价值链中高端。因此，认清和把握全球价值链发展的新态势和演进趋势，准确测度和分析中国制造业部门参与全球价值链分工的程度和特征，考察制造业部门在全球价值链中的具体位置，对于中国制造业迈向全球价值链中高端、提升全球价值链地位具有重要的理论和实践意义。

全球价值链这一概念是由早期产品的价值链、全球商品链等概念逐渐演化而来的。美国学者 Porter（1985）较早提出了价值链的概念，他认为企业生产的产品包含从产品设计、生产制造到最终销售和分配至消费者等多个相互连接的活动，每一项活动均形成价值且是企业价值链上的一个环节，所有涵盖产品生产和服务的活动形成的价值相连接即形成价值链。Gereffi 等（1994，1999）将价值链与产业的全球组织联系起来，提出全球商品链的概念，并将其分为生产者驱动型全球商品链和消费者驱动型全球商品链。基于此，学术界逐渐形成全球价值链的概念。联合国工发组织（UNIDO，2004）认为，全球价值链是为实现商品或服务价值而连接生产、销售、回收处理等过程的全球性跨企业网络组织，涉及从原料采购和运输、半成品和成品的生产和分销直至最终消费和回收处理的整个过程。随着通信网络技术的不断进步和运输成本的日益降低，贸易投资自由化便利化程度不断提升，全球价值链分工获得蓬勃发展，已经成为经济全球化最为显著的特征。产品的国际分散化生产充分反映跨国公司利用世界各国在生产技术、要素禀赋和要素价格方面的差异，在全球范围内配置产品生产环节的利润最大化行为，这种全球价值链分工模式所导致的大量中间产品贸易已经成为推动当今世界贸易增长的重要力量。全球价值链把世界各国的经济更加紧密地融合在一起，创造出巨大的物流、信息流和资金流，改变了世界经济格局，也改变了国家间制造业部门的贸易、投资和生产联系。正如世界贸易组织前任总干事拉米所指出的，当前很多制造业产品已经呈现“世界制造”（Made in the World）的特征，由各国各部门参与构建的产品全球价值链分工模式对各国的制造业发展产生了重大而深远的影响。

由于传统的官方贸易统计方法无法衡量这种新型国际分工背后的增加值贸易模式，很容易导致各国政府在贸易政策方面产生误判。例如，当前中美贸易战爆发的直接原因之一就是美国方面对与中国发生的巨额贸易逆差难以接受，而实际上中国对美国的出口贸易中包含很多第三国贡献的增加值，基于增加值核算的双边贸易差额远没有那么大。近年来，中国制造业的生产和出口贸易的飞速发展成为全球关注的焦点，已成为世界第一大货物出口国，中国的世界工厂地位业已确立，但是中国制造业部门参与全球价值链分工的程度如何？中国制造业产品的全球价值链长度变长了吗？

制造业部门在全球价值链分工中的地位如何？近20年来中国制造业产品的国内增加值提高了吗？制造业产品增加值的世界分布是怎样的？在某些国家指责“中国制造”损害其国家利益的时候，我们不禁要问，中国制造业产品最终需求的提高对世界各国的经济发展究竟产生了何种影响？参与全球价值链分工的其他国家能否从中国制造业的生产和出口贸易中获益？这一系列问题都是非常有意义的研究课题，国内外学者也一直试图找到这些问题的答案。当然，要想对上述问题给出满意的回答，首先需要从多维视角构建相关统计指标，准确测度中国制造业部门参与全球价值链分工的程度，获取中国制造业部门在全球价值链上的位置等相关信息。

（二）研究意义

中国是世界制造业大国，制造业门类最为齐全，在世界制造业总产出和总出口贸易额中占据较大份额。但是，从增加值视角来看，中国制造业部门创造的国内增加值在世界制造业增加值总额中所占的比例还较低，与德国等先进制造业国家相比，中国还不是世界制造业强国。在全球价值链深度调整背景下，受国内生产成本提高、其他发展中国家赶超以及发达国家高端制造业回流的影响，提升中国制造业部门全球价值链分工地位的任务非常艰巨。本书旨在通过构建基于世界投入产出表的中国制造业全球价值链长度统计指标，准确测算制造业部门在全球价值链上的位置，考察制造业在全球价值链中的真实地位，进而提出促进中国制造业价值链升级的对策建议，为制造业部门在全球价值链分工背景下实现高质量发展提供新的思路和可操作的实施方案。因此，本书具有一定的理论和应用价值。

（三）国内外研究现状

1. 全球价值链的内涵和发展态势研究

全球价值链是为实现商品或服务价值而连接生产、销售、回收处理等过程的全球性跨企业网络组织，涉及从原料采购和运输，半成品和成品的生产和分销，直至最终消费和回收处理的整个过程。学者们从产品内分工、中间产品贸易、国际外包、垂直专业化、国际生产分割、任务贸易等不同视角对全球价值链的内涵和发展特征进行了分析（Arndt，1997；Yeats，1998；Feenstra et al.，1999；Hummels et al.，2001；Grossman & Esteban，2008；Baldwin et al.，2013；Antras & Chor，2013；Timmer，2012；Wang et al.，2017）。全球价值链已经深刻改变旧有的国际分工，国际运费降低、信息技术迅速发展以及各成员采取更为开放的经济政策，使得一件产品的生产不再局限于一个成员的范围内，而是在多个成员中进行。国际中间产品如零部件和原材料的贸易，已经成为世界贸易发展的一股强劲力量。随着中间产品贸易快速上升，出口贸易中的进口含量不断提高，对于整个国际贸易来说具有深刻的政策含义，引发了新的贸易思考。近年来，全球价值链的扩张速度有所下降，但新兴经济体在全球价值链中的作用进一步增强；制造业服务化成为制造业部门新的发展方向；全球价值链空间布局面临重构，一些跨国公司从离岸外包转向近岸外包甚至在岸生产，在发展中国家设立研发机构成为跨国公司全球创新网络的重要组成部分；新一轮产业革命对全球价值链分工产生重大影响，美国挑起的中美贸易摩擦和关税战也对全球价值链的深入发展产生负面影响，全球价值链面临重构和深度调整。

2. 衡量制造业部门参与全球价值链分工程度的理论方法研究

衡量制造业部门参与全球价值链分工的程度主要有三类方法：①零部件或中间产品贸易分析法。由于 SITC 分类中的第 7 大类产品基本都是零部件，所以通过考察第 7 大类产品的贸易，可以大致反映国际中间产品贸易的发展情况，Yeats 等（2001）发现在 1978～1990 年，OECD 国家的机械和交通运输设备零配件贸易增幅远大于该类最终产品的贸易增幅。Athukorala 等（2006）则以 SITC 编码第 7 类和第 8 类中的若干种贸易品作为零部件产品来衡量一国中间产品贸易的发展规模，进而测度各国参与国际产品内分工的水平。由于中间产品通常包含其他国家的增加值，所以无法准确刻画一国制造业参与全球价值链的程度。②单个企业或产品的案例分析法，例如 Linden 等（2009）、Dedrick 等（2010）、Xing（2011），但单个企业或产品很难反映整个制造业部门的全球价值链信息。③投入产出法。近年来一些国际组织和研究机构发布多种世界投入产出表或国家间投入产出表，学者们围绕全球价值链和增加值贸易核算开展了大量研究，为准确衡量制造业参与全球价值链分工奠定了基础。例如，Hummels 等（2001）从国际垂直专业化分工蓬勃发展的角度，分析了当前国际分工模式的新变化，他们通过构建垂直专业化指数，衡量了世界各国制造业出口产品的进口含量，进而度量了各国参与全球生产和贸易网络的程度。文东伟和冼国明（2010）采用这一方法，利用 OECD 投入产出数据库测算了中国制造业的垂直专业化水平，发现近年来中国制造业的垂直专业化水平提高很快，而且高技术产品的垂直专业化指数增长尤其快速，中国制造业出口增长源自国外的贡献明显高于其他发展中国家的水平。Feenstra 等（1999）从国际外包的视角，研究了产品内分工对国内熟练劳动力与非熟练劳动力工资差异的影响效应，他们用进口中间投入占部门总投入的比重来衡量制造业部门参与全球生产和贸易网络的程度，这一方法也被很多学者所采用。Grossman 和 Esterban（2008）认为，要衡量一国融入全球价值链的程度，研究者应当准确知晓一国某部门产品所蕴含的增加值的具体来源国家和来源部门，明确产品最终流向哪个国家哪个部门并做何种用途的使用，因此可以从任务贸易（Trade in Tasks）的视角，把产品的增加值情况描绘清楚。Koopman 等（2010）研究了中国制造业出口部门的生产和贸易，认为这些部门的生产和出口有很多是以加工贸易的形式完成，非常依赖进口中间产品的使用。他们使用投入产出技术具体衡量了中国出口部门的进口含量，发现中国出口中的国内增加值要远低于出口额所显示的水平。以上几类文献从不同角度度量了一国制造业部门参与全球价值链分工的程度和效果，主要的研究方法是利用各国的投入产出表和海关贸易数据，构建相关指标进行实证分析。但是，在投入产出表的采用方面，由于很多国家的投入产出表是竞争型投入产出表，在中间投入方面没有区分进口投入品和本国投入品，因此需要依靠一些较为武断的假设对进口投入系数矩阵进行估算。另外，相互独立的国家层面的投入产出表无法衡量世界各国各部门之间的投入产出关系，因此也就不能准确分析各种产品的全球价值链以及增加值的世界分布情况。在当前全球价值链分工蓬勃发展的大背景下，显然需要更为合适的分析指标来对各种产品全球价值链问题进行详细解读。另外，以上文献在测算中国制造业产品国内增加值时没有很好地考虑加工贸易问题，容易低估制造业部门参与全球价值链分工的程度。

3. 测度制造业部门全球价值链分工地位的指标体系研究

一些文献从垂直专业化和增加值贸易视角构建了垂直专业化指数、全球价值链参与度指数、全球价值链分工地位指数和增加值出口比率等，例如前文提到的 Hummels 等（2001）、Koopman 等（2010）、Johnson 等（2012），但是这些指标无法从垂直生产角度定量描述制造业部门在全球价值链上的具体位置。近年来，全球价值链长度指数已经成为衡量一国或部门全球价值链分工地位的重要统计指标。一些文献基于产业关联理论，利用平均传导长度指数估算了主要经济体的产品价值链长度，如 Dietzenbacher（2007）、Inomata（2008）。Fally（2011）首次从产品生产的角度构建了价值链长度指数，将价值链长度定义为产品在生产过程中经历的生产阶段数目，生产阶段数目越多，表明产品的价值链越长，生产的复杂程度越高。他还提出另一种衡量产品价值链长度的指标，即产品到达最终需求之前所经历的生产阶段数目，Antras 等（2012）称之为上游度指数，该指数值越大，表明该部门产品距离最终消费越远，越处于价值链的上游位置，主要向其他部门提供中间产品。Fally 和 Russell（2013）进一步将价值链长度指标拓展至多国情形。Backer 等（2013）利用 OECD 的全球投入产出数据库分析了相关国家产品的全球价值链长度变动特征。Miller 和 Temurshoev（2013）基于世界投入产出表，通过构建了上游度和下游度指标，分析了世界各国相关部门在全球价值链中的地位及其发展趋势。Wang 等（2016）利用增加值分解技术，综合分析了全球价值链长度的变动特征。鞠建东等（2014）、何祚宇和代谦（2016）进一步研究了中国制造业部门的上游度及其影响因素。上述文献为衡量制造业部门的全球价值链地位提出有价值的研究方法和视角，但价值链长度和上游度指标对同一部门价值链地位的判定结论往往不太一致，有必要对这些指标进行系统整合和算法改进。

4. 基于全球价值链分工的贸易政策研究

世界贸易组织前任总干事 Lamy（2011）认为，从双边贸易差额角度来看，随着全球价值链分工的深入发展，国与国之间的双边贸易差额变得不再那么重要。现有的国际贸易统计方法实际上无法直接反映贸易产品的国内增加值，双边贸易差额的重要性可能被高估。所以当务之急还是开发出科学计量贸易增加值的贸易统计方法，以贸易中的国内增加值作为贸易统计的标准，为贸易政策的制定提供准确的基础信息。在关税政策方面，Yi（2003）指出，当中间产品多次跨境时会放大关税壁垒的保护成本，即使很小的名义关税率也会影响全球价值链贸易网络；一国实施较高进口关税反而会降低该国的出口竞争力，并使价值链上的所有国家都受到损害。Hanson（2011）认为当一个最终产品的生产过程分为多个环节在全球各地配置时，作为最终产品组成部分的中间产品就会依次经历多个国家的海关，被反复地进口、加工、再出口。因此，即使各国轻微地提高贸易保护的水平，那么贸易下降的幅度也会超出人们的预期。也就是说，在全球价值链分工的背景下，由于中间产品贸易对于贸易壁垒的变化非常敏感，对其进行贸易保护的成本是巨大的。在非关税政策方面，一些文献如 Hoekman 等（2010）、Moise 等（2011）、Nicita 等（2012）度量了通关程序、健康或安全标准、配额、自愿出口限制、服务贸易壁垒对产品成本的影响。另外，国外的一些学者也使用投入产出表以及相关贸易数据，分析了一国贸易保护政策对整个国民经济产生的影响。从福利分析的角度来看，国内的相关生产者可能从贸易保护中获益，但是投入产出分析显示，经济体中其他部门的生产者将会受到负面的影响。因此，对中间产品贸易实施保护所造成的福利损失通常会超出我们的预期，如果一国打算融入国际生产网络并从中获益，那么该国的贸易限制措施应当最小化。从事中间产品贸易的企业会快速预测潜在的贸易壁垒带来的风险，这意味着政府在执行保护贸易政策的时候必须慎重估计这种政策的实际成本。一些文献如

OECD（2013）、Taglioni等（2016）从宏观视角分析了各国如何构建贸易政策体系，促进本国制造业参与全球价值链分工，推动本国经济发展。国内定量研究全球价值链贸易政策的文献较少，一些学者如刘仕国等（2013）、盛斌等（2015）、张二震等（2017）分析了全球价值链对贸易政策的启示和影响，认为需通过顶层设计加快构建新一代贸易政策体系。全球价值链发展呈现新态势，亟须通过构建适应全球价值链分工的贸易政策体系，定量研究贸易政策变动的价值链效应，助推我国制造业向全球价值链高端攀升。

二、研究内容和研究方法

（一）研究内容

1. 中国制造业部门参与全球价值链分工的程度和特征

首先对全球价值链分工的最新态势以及中国制造业部门参与全球价值链分工的特征事实进行归纳和分析，然后主要利用欧盟委员会资助编制的1995～2011年连续时间序列的世界投入产出表，通过构建和计算垂直专业化指数、全球价值链参与度指数、全球价值链分工地位指数等统计指标，从多维角度考察中国制造业部门参与全球价值链分工的程度和特征。

2. 全球价值链长度统计指标的理论内涵与测度方法

第一种全球价值链长度统计指标即Fally（2011）提出的全球价值链长度指数。该指数计算某产品在生产过程中所经历的生产阶段数目，全球价值链长度指数越大，表明该部门产品的生产过程越复杂，参与全球价值链分工的程度越高。第二种全球价值链长度统计指标即Fally（2011）和Antras等（2012）提出的上游度指数，衡量产品在到达最终消费者之前需要经历的生产阶段数目。该指数值提高，表明该部门更加专业化生产和提供中间产品，在全球价值链的位置得到提升。第三种全球价值链长度统计指标即 Wang 等（2017）提出的增加值生产长度指数，测度国内增加值与最终产品之间的距离。该方法与产品增加值的完全分解方法结合起来，具有较高的科学性。因此，本书借鉴以上文献，利用世界投入产出表和国家间投入产出表，通过构建全球价值链长度统计指标，对中国制造业各部门各类全球价值链长度指数进行测算和分解。

3. 中国制造业部门全球价值链长度指数的测算及分解

首先，本书利用世界投入产出表，对中国制造业部门平均的全球价值链长度指数进行测算，分析其变动特征和发展趋势。其次，通过区分不同部门、不同贸易方式，重点考察中国制造业各部门各类型全球价值链长度的变动特征和发展趋势。最后，利用最新的增加值分解技术和全球价值链长度分解方法，对中国制造业部门产品的国内增加值分解为国内贸易部分（不跨境）、传统国际贸易部分（跨境一次）以及全球价值链贸易部分（跨境多次），并从多维层面考察不同部分的长度变动特征。

4. 中国制造业部门全球价值链长度的影响因素分析

识别影响中国制造业部门全球价值链长度的各种因素，定量研究人均产出、资本深化、研发强度、垂直专业化等变量对全球价值链长度的影响程度，阐明制造业部门全球价值链长度对贸易产品的国内增加值的影响，为相关政策制定提供理论参考。

5. 提升中国制造业部门全球价值链分工地位的政策建议

综合利用前面关于全球价值链长度的理论阐释和经验分析得出的结论，对中国制造业部门实现全球价值链地位升级提供有针对性的政策建议，并为相关部门提供决策参考。

（二）研究方法

1. 投入产出法

基于欧盟委员会资助编制的世界投入产出表、OECD 发布的国家间投入产出表，结合最新的产品增加值和双边贸易增加值分解方法，运用矩阵代数计算高维的投入产出系数矩阵、Leontief 逆矩阵、Ghosh 逆矩阵，从前向关联和后向关联角度，分别计算制造业部门产品的垂直专业化指数、全球价值链长度等指标，并利用价值链分解技术，对全球价值链进行分解。

2. 计量回归法

建立计量回归方程，研究中国制造业部门产品全球价值链长度的影响因素和作用机制，定量考察全球价值链长度对相关变量的影响程度。

3. 数据简介

（1）欧盟委员会资助编制的世界投入产出表。近年来，鉴于世界投入产出表在分析当前新型国际分工和制造业全球价值链方面具有独特的优势，包括 WTO、OECD 以及欧盟等国际组织和学术机构都在积极编制各类国家间投入产出表。在欧盟委员会的支持下，由 11 所大学和研究机构组成的研究团队于2012 年4 月首次发布了 1995 ~2009 年的15 张世界投入产出表（WIOTs）。后期该团队又陆续对世界投入产出表进行数据更新，推出了2010 年和2011 年世界投入产出表，从而形成 1995 ~2011 年 17 张连续时间序列的世界投入产出表。世界投入产出表包含 41 个国家和地区，分别是欧盟 27 国、澳大利亚、巴西、加拿大、中国、印度、印度尼西亚、日本、墨西哥、俄罗斯、韩国、中国台湾、土耳其和美国，剩下的国家统称为世界其他国家。以上 40 个具体的国家和地区在 2008 年的 GDP 总和占世界 GDP 总量的 85% 以上，因此具有很好的代表性。世界投入产出表涵盖 35 个部门，其中制造业部门 14 个，包括41 个国家和地区，因此一共有 1435 个部门。2016 年，该研究团队又对世界投入产出数据库进行经济体和部门数目的扩展，发布了涵盖43 个经济体和56 个部门的2000 ~2014 年 15 张世界投入产出表，这些世界投入产出表可以在世界投入产出数据库网站（www. wiod. org）下载。世界投入产出表是在各国供应和使用表的基础上构建的，利用国际贸易数据，它把各国产品的使用根据产品来源进行区分。与单个国家的投入产出表不同，世界投入产出表能够清晰地展示各类产品的生产需要投入哪些国家的哪类产品作为中间投入，产生的增加值是多少，最终产品运到哪些国家哪些部门作为中间使用品和最终消费品。另外，世界投入产出表还可以与一些社会经济发展账户、环境账户结合起来，用来分析全球化对各国环境和社会发展的影响。

（2）OECD 与 WTO 编制的国家间投入产出表。全球价值链分工使传统的国际贸易统计面临挑战，由于传统的贸易统计方式只记录跨越国境的商品流量，而无法显示贸易的增加值，所以很容易导致一些国家在贸易政策制定过程中产生误判，例如大量中间产品贸易导致一些国家的贸易额呈现高速增长，而实际上这些国家在全球价值链上的增加值却并不一定高。为了解决这一问题，OECD 和 WTO 联合开展 TiVA（Trade in Value Added）项目的研究工作，利用公认的官方统计数据和最新的统计方法，合作开发了国家间投入产出表（Inter – Country Input – Output Tables），并在此基础上建立 TiVA 数据库，于 2013 年 1 月发布世界各国增加值贸易的数据资料，为深入研究全球价值链问题提供了合适的分析工具。OECD 与 WTO 联合编制的国家间投入产出表是 OECD 与 WTO 联合启动的 TiVA 项目的研究成果，于 2015 年 6 月 2 日正式对外发布，目前已经成为研究全球价值链和增加值贸易的重要数据来源。与欧盟委员会资助编制的世界投入产出表相比，OECD 和 WTO 开发的国家间投入产出表所涵盖的经济体数目更多，包括 61 个国家和经济体，囊括 34 个部门，其中制造业部门有 16 个。尤为重要的是，该国家间投入产出表注意到中国和墨西哥两国在制造业部门中广泛存在的加工贸易，特别是将中国制造业部门产品按照不同贸易方式区分为国内使用产品、加工贸易出口产品和非加工贸易出口产品（主要是一般贸易出口产品），从而为研究中国制造业部门产品全球价值链的异质性问题提供了很好的数据来源。利用 OECD 国家间投入产出表可以方便地计算不同贸易方式下中国制造业各部门产品的国内增加值比例、全球价值链长度和上游度水平，这也是本书选择该投入产出表进行不同贸易方式下制造业产品全球价值链比较分析的主要原因。

第二章

中国制造业部门参与全球价值链分工的程度和特征

近年来中国制造业的生产和出口贸易已成为全球瞩目的焦点，作为世界第一大货物出口国，中国作为世界制造业大国的地位业已确立，近20年来中国制造业产品参与全球价值链分工的程度如何？中国制造业产品中的国外增加值占多大比重？中国制造业部门产品的全球价值链长度有何变动？在全球价值链分工的地位提升了吗？这一系列问题都是非常有意义的研究课题。文东伟等（2010）利用OECD投入产出数据库测算了中国制造业的垂直专业化水平，发现近年来中国制造业的垂直专业化水平提高很快，而且高技术产品的垂直专业化指数增长尤其快速，中国制造业出口增长源自国外的贡献明显高于其他发展中国家的水平。Koopman等（2011）研究了中国制造业出口部门的生产和贸易，认为这些部门的生产和出口有很多是以加工贸易的形式，非常依赖进口中间产品的使用。他们使用了投入产出技术具体衡量了中国出口部门的进口含量，发现中国国内增加值要远低于出口额所显示的水平。Johnson等（2012）利用投入产出技术，发现在国际产品内分工条件下，传统国际贸易差额统计存在虚高现象，他们利用增加值算法，发现美中贸易逆差可以降低30%～40%。

以上文献从不同角度度量了一国制造业部门参与全球价值链分工的程度和效果，主要的研究方法是利用各国的投入产出表和海关贸易数据，构建相关指标进行实证分析。但是，在使用投入产出表时，由于很多国家的投入产出表是竞争型投入产出表，在中间投入方面没有区分进口投入品和本国投入品，因此需要依靠一些较为武断的假设对进口投入系数矩阵进行估算。另外，相互独立的国家层面的投入产出表无法衡量世界各国各部门之间的投入产出关系，因此也就不能准确解构各种产品的全球价值链以及增加值的世界分布情况。在当前全球价值链分工蓬勃发展的大背景下，显然需要更为合适的分析工具来对各种产品全球价值链问题进行详细解读。世界投入产出表的出现为研究产品全球价值链相关问题提供了方便。下面，我们首先介绍世界投入产出表的基本结构和相关理论，然后利用世界投入产出表和国家间投入产出表具体测算中国制造业部门参与全球价值链分工的程度，为更好地判断中国制造业部门在全球价值链上的地位提供参考。

一、世界投入产出表的基本理论

（一）世界投入产出表的基本结构

与单个国家的投入产出表不同，世界投入产出表能够清晰地展示各类产品的生产需要投入哪些国家的哪类产品作为中间投入，产生的增加值是多少，最终产品运到哪些国家哪些部门作为中间使用品和最终消费品。表2－1描绘了2国2部门世界投入产出表，水平方向表示某个国家某种部门产品的使用情况，包括本国和外国的中间使用和最终使用。例如，A国1部门的产品可以作为本国和B国的中间使用和最终使用，其中B国对A国1部门的各种使用即为A国1部门对B国的出口。根据投入产出理论，表2－1垂直方向描绘了一国某部门产品在生产过程中所使用的中间投入和要素的增加值等，其中的中间产品投入既可以使用国内的产品，也可以从国外进口得到。世界投入产出表中的部门增加值即为某部门的总产出与中间投入的差额，也就是该部门所使用的生产要素的收入。从本质上来看，世界投入产出表的基本结构与单个国家的投入产出表基本相同，只是前者更加明显地利用国家间的贸易数据把各类产品的使用情况以及各类产品生产所需的中间投入品分别进行了国别分解，这样就把世界上各国之间的投入产出关系清晰地展示出来，可以为分析产品的全球价值链提供很好的分析工具。

表2-1　世界投入产出表的基本结构（2国2部门）

	A国1部门	A国2部门	B国1部门	B国2部门	A国1部门	A国2部门	B国1部门	B国2部门	总产出
	中间使用				最终使用				
A国1部门	对A国1部门的中间使用	对A国1部门的中间使用	对A国1部门的中间使用	对A国1部门的中间使用	对A国1部门的最终使用	对A国1部门的最终使用	对A国1部门的最终使用	对A国1部门的最终使用	A国1部门的产出
A国2部门	对A国2部门的中间使用	对A国2部门的中间使用	对A国2部门的中间使用	对A国2部门的中间使用	对A国2部门的最终使用	对A国2部门的最终使用	对A国2部门的最终使用	对A国2部门的最终使用	A国2部门的产出
B国1部门	对B国1部门的中间使用	对B国1部门的中间使用	对B国1部门的中间使用	对B国1部门的中间使用	对B国1部门的最终使用	对B国1部门的最终使用	对B国1部门的最终使用	对B国1部门的最终使用	B国1部门的产出
B国2部门	对B国2部门的中间使用	对B国2部门的中间使用	对B国2部门的中间使用	对B国2部门的中间使用	对B国2部门的最终使用	对B国2部门的最终使用	对B国2部门的最终使用	对B国2部门的最终使用	B国2部门的产出
增加值	增加值	增加值	增加值	增加值					
总投入	A国1部门的投入	A国2部门的投入	B国1部门的投入	B国2部门的投入					

资料来源：根据世界投入产出表整理得到。

（二）区分贸易方式的投入产出表的基本框架

近年来，针对传统官方贸易统计制度在衡量中间产品贸易以及增加值贸易方面存在的不足之处，主要的国际经济组织对多国多部门的投入产出表非常关注，OECD 和 WTO 较早提出了“增加值贸易”的概念和研究项目，系统编制了以 OECD 国家以及其他主要发展中国家为主体的国家间投入产出表。由于 OECD 和 WTO 联合编制的国家间投入产出表与前述的欧盟委员会资助编制的世界投入产出表在结构上基本类似，只是对中国和墨西哥的加工贸易进行了专门处理，因此我们在此着重介绍区分贸易方式的投入产出表。从表 2-2 可以看出，区分贸易方式的投入产出表的水平方向描述产品的使用情况，包括中间使用和最终使用；垂直方向描绘产品的生产投入情况，包括国内产品中间投入、进口产品中间投入和增加值，根据投入产出恒等式，总投入等于总产出。与传统投入产出表不同的是，考虑到不同贸易方式下产品生产的差异性，原先每个部门生产的同质性产品现在被细分成国内使用产品、加工贸易出口产品和非加工贸易出口产品三类，分别由上标 D、P、N 表示。国内使用产品即国内生产的用于满足国内消费和投资需求的产品；加工贸易出口产品即采用加工贸易出口方式生产的产品，产品的中间投入主要来自于国外；非加工贸易出口产品即以非加工贸易出口方式生产的产品，主要是以一般贸易出口方式生产的产品。除此之外，上标 M 表示进口产品，X 表示总产出列向量，V 表示增加值行向量，C、I、E 分别代表最终消费、资本形成和出口列向量。Z 为中间流量矩阵，例如，Z^{DD} 表示国内使用产品被用于生产同类产品的数量，Z^{DP} 表示国内使用产品被用于生产加工贸易出口产品的数量，Z^{DN} 表示国内产品被用于生产非加工贸易出口产品的数量，其余要素含义可以此类推。

表 2-2 区分贸易方式的投入产出表基本框架

投入 \ 产出		中间使用			最终使用				总产出/进口
		国内使用	加工出口	非加工出口	最终消费	资本形成	出口	最终使用合计	
国内产品中间投入	国内使用	Z^{DD}	Z^{DP}	Z^{DN}	F^{DC}	F^{DI}	F^{DE}	F^{D}	X^{D}
	加工出口	Z^{PD}	Z^{PP}	Z^{PN}	F^{PC}	F^{PI}	F^{PE}	F^{P}	X^{P}
	非加工出口	Z^{ND}	Z^{NP}	Z^{NN}	F^{NC}	F^{NI}	F^{NE}	F^{N}	X^{N}

续表

产出 投入	中间使用			最终使用				总产出/进口
	国内使用	加工出口	非加工出口	最终消费	资本形成	出口	最终使用合计	
进口产品中间投入	Z^{MD}	Z^{MP}	Z^{MN}	F^{MC}	F^{MI}	0	F^{M}	X^{M}
增加值	V^{D}	V^{P}	V^{N}					
总投入	X^{D}	X^{P}	X^{N}					

资料来源：根据祝坤福等（2013）整理得到。

二、基于世界投入产出表的制造业垂直专业化指数构建与测算

（一）垂直专业化指数的内涵和计算方法

Balassa（1967）和 Findlay（1978）最早提出垂直专业化的粗略概念，指一种商品的生产过程被分解为多个连续的专业化生产阶段，从而使中间产品贸易不断扩大，并形成一个跨越多个国家的垂直贸易链。20 世纪 90 年代以来，很多学者从不同的角度深入分析垂直专业化的内涵，使用诸如“产品价值链的分割”“产品内专业化”“生产的非一体化分工”“生产分散化”“离岸外包”“任务贸易”等概念来描述这一现象。Hummels 等（2001）对垂直专业化的概念进行了界定，认为垂直专业化就是在生产某一最终产品的过程中，各个国家依次按照产品的生产工序从事专业化生产，即某个国家进口国外生产的原材料或中间产品，加工之后再出口到其他国家，这一过程伴随着原材料或中间产品的多重跨境活动和贸易的进出口。Hummels 等（2001）提出的度量一国或部门参与全球价值链分工程度的指标——垂直专业化指数通过估算一国或部门出口产品的进口增加值含

量，衡量一国或部门参与全球价值链分工的程度，得到学术界的广泛认可和使用，成为经济学文献中测度全球价值链分工的重要综合性统计指标。根据 Hummels 等（2001）的计算结果，10 个 OECD 国家和 4 个新兴市场国家的出口产品垂直专业化指数达到 21%，在 1970 ~ 1990 年增长了 30%。国内外学者也纷纷利用这一指标，利用历年的投入产出表计算中国制造业部门参与垂直专业化分工的程度和特点，如北京大学中国经济研究中心课题组（2006）、Dean 等（2007）、文东伟和冼国明（2010）认为中国自加入 WTO 以来，正积极通过加工贸易等方式融入国际生产和贸易网络，实现了出口贸易额的飞速增长。

垂直专业化区别于传统的水平专业化，后者是指各国根据自身的比较优势，生产并出口本国具有比较优势的最终产品，即从产品的最初制造到最终产品的完成，每个阶段的专业化生产都在同一个国家进行；而垂直专业化反映的是不同国家在同一产品各个生产环节上的纵向分工关系，产品的生产过程被分割成不同的环节配置到地理上分散的不同国家。垂直专业化是经济全球化背景下的市场一体化与生产过程分散化的统一。

垂直专业化需要具备下列条件：第一，最终产品的生产过程包括多个连续的环节（Multiple Sequential Stages）；第二，至少有两个以上的国家在产品的生产环节中提供了价值增值；第三，参与国必须用进口的投入品从事生产，而且生产出来的产品（中间产品或最终产品）的一部分必须再出口。当一个国家用进口的中间产品生产用于出口的产品时，垂直专业化分工就形成了。图 2-1 简单地描绘了三个国家参与垂直专业化分工的情况。A 国生产中间产品并出口到 B 国，两国之间发生了中间品贸易。B 国在生产最终产品（或中间产品）的时候不仅使用本国的要素禀赋和国内的中间产品，而且还使用从 A 国进口的中间产品，其中部分最终产品（或中间产品）再被出口到 C 国。根据上面的条件，B 国被看作参与垂直专业化分工与贸易。由垂直专业化分工导致的贸易与中间品贸易和离岸外包（Offshore Outsourcing）既有联系又有区别。从进口的角度来看，垂直专业化分工导致的贸易是中间品贸易（Trade in Intermediate Goods）的子集。中间品贸易的范围要比垂直专业化贸易的范围宽广一些，因为中间品贸易自动满足垂直专业化的前两个条件，即最终产品的生产过程包括多个生产环节，至少有两个以上的国家在产品的生产环节中提供价值增值；但只有满足第三个条件的中间品贸易才被称作垂直专业化贸易。

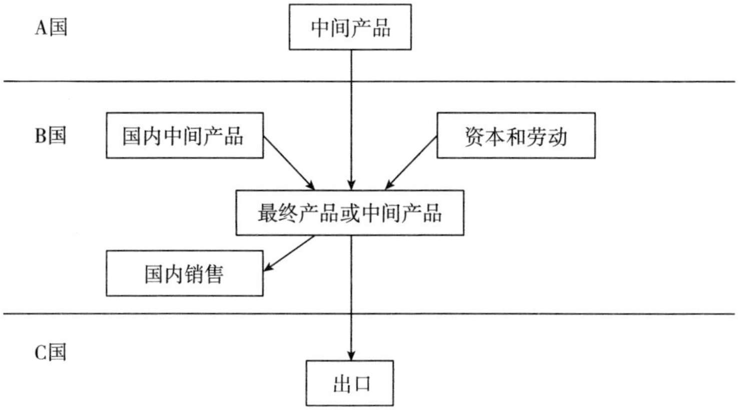

图 2－1　垂直专业化分工

资料来源：根据 Hummels 等（2001）整理得到。

本书讨论的垂直专业化分工与贸易主要限于制造业部门。根据 Hummels 等（2001），*VS* 指标构建如下

$$VS_{ki} = \left(\frac{II_{ki}}{GO_{ki}}\right)X_{ki} \tag{2-1}$$

其中，k 代表国家，i 代表产品，II 代表进口的中间品，GO 表示总产出，X 表示出口。式(2－1)右边括号里衡量进口中间品占总产出的比例，这个比例再乘以出口就可以得到出口中所包含的进口中间品的价值。值得注意的是，*VS* 并不包括国内销售的最终产品中所包含的进口中间品的价值。如果计算整个国家的 *VS* 值，可以将各种产品的 *VS* 值进行加总。通常用国家的 *VS* 值与该国的出口贸易总额的比率来表示该国的垂直专业化程度，即

$$\frac{VS_k}{X_k}=\frac{\sum_i VS_{ki}}{\sum_i X_{ki}}=\sum_i\left[\left(\frac{VS_{ki}}{X_{ki}}\right)\left(\frac{X_{ki}}{X_k}\right)\right] \tag{2-2}$$

这个比值可以看作以出口份额为权重的每种产品的 *VS* 出口比率的加权和。

垂直专业化指数实际上衡量一国或部门出口产品中的进口增加值比例，主要包括在一国出口产品生产过程中直接和间接使用的所有进口中间投入品价值，因此，如果能够将一国或部门出口产品的增加值进行国内外分解，得到国外增加值的水平，就可以很容易地计算垂直专业化指数。但是，由于中国投入产出表是竞争型投入产出表，没有进口投入系数矩阵，以往对垂直专业化指数计算需要首先对中国的进口投入系数矩阵进行估算。

另外，我们也应该注意到，Hummels 等（2001）提出的垂直专业化指数存在一些局限性，例如在该指数的构建和计算过程中，仅利用单个国家的投入产出表和最终产品贸易数据，没有对国家之间的中间产品贸易进行分解，因此无法详细考察一国出口产品中包含的国外增加值结构，无法区分一国或部门最终产品出口的国外增加值和中间产品出口的国外增加值，而这些不同的国外增加值之间的比例往往蕴含着有用的分工信息，可以反映该国或该部门参与全球价值链分工的类型和特征。另外，Hummels 等（2001）在计算垂直专业化指数时隐含一国进口的中间产品百分之百都来自于国外的假设，这样就有可能高估一国出口产品的垂直专业化程度，因为进口的中间产品中可能蕴含本国以前的一些出口成分。从贸易政策角度来看，研究一国或部门出口产品的垂直专业化结构问题，可以避免出现一些贸易政策误判。例如，按照传统的计算方法，如果发现两国在某部门出口产品的垂直专业化指数相等，就可能认为这两个国家在该部门参与全球价值链分工的程度是大致相当的。实际上，两国在参与全球价值链分工的方式和特征方面可能存在显著的差别，一个国家可能是最终产品出口的国外增加值较高，而另一个国家可能是中间产品出口的国外增加值较高，因此，两国在全球价值链上所处的位置并不相同。因此，关于一国参与全球价值链分工程度的度量，仅靠计算垂直专业化指数的绝对水平是远远不够的，我们需要从垂直专业化的结构方面来理解一国参与全球价值链的程度、方式和特征，从而准确衡量一国在全球价值链上的地位。

那么，如何准确计算和衡量一国或部门出口产品的垂直专业化水平及结构？Wang等（2013）利用投入产出技术，将一国或部门的出口贸易流量分解为国内增加值出口、返回的国内增加值、外国增加值和纯重复计算的中间品贸易等部分。该方法有效打通了基于总值概念的官方贸易统计与基于增加值概念的国民收入账户核算，把垂直专业化概念和增加值贸易概念整合到一个统一的框架之内。另外，由欧盟委员会资助构建的世界投入产出数据库（WIOD）也为贸易增加值分解提供了很好的数据支持。根据Wang等（2013）对双边贸易的分解方法，一国出口产品的垂直专业化或国外含量可以分解为最终产品出口的国外增加值、中间产品出口的国外增加值以及来自于国外账户的纯重复计算部分。本书利用这一分解方法，对中国制造业各部门出口产品的外国增加值部分进行了详细的分解，考察了制造业各部门出口产品的垂直专业化结构特征及其动态变化问题，为准确衡量中国制造业在全球价值链上的地位提供理论参考。下面，我们借鉴Wang等（2013）的方法，利用标准的世界投入产出理论，推导中国制造业产品的国内外增加值计算公式。

（二）基于世界投入产出表的垂直专业化指数测算和结构分解方法

Wang等（2013）利用投入产出技术，根据贸易产品的最终吸收目的地和吸收渠道，将一国或部门的双边出口贸易分解为16个增加值和重复计算部分，这16个部分又可划分成四块，即最终被国外吸收的国内增加值、返回并被本国吸收的国内增加值、用于生产本国出口的国外增加值和中间产品贸易的纯重复计算部分。既然垂直专业化体现一国出口产品的国外含量，那么从贸易分解的角度来看，就等于用于生产本国出口产品的国外增加值和来自国外账户的纯重复计算部分之和。下面，我们首先介绍Wang等（2013）对双边贸易的增加值分解方法。

假设整个世界有 G 个国家，每个国家有 N 个部门，国家 s 对国家 r 的总出口包括中间产品出口和最终产品出口

$$E^{sr} = Y^{sr} + A^{sr}X^{r} \tag{2-3}$$

其中，E^{sr}是 $N\times1$ 维的国家 s 对国家 r 的总出口向量，Y^{sr}是 $N\times1$ 维的国家 s 对国家 r 的最终产品出口向量，表示国家 s 生产的最终产品在国家 r 进行消费，A^{sr}是 $N\times N$ 维的投入产出系数矩阵，X^{r} 是 $N\times1$ 维的国家 r 的产出向量，利用列昂惕夫逆矩阵 B，国家 r 的总产出可以表示为

$$X^{r} = \sum_{t}^{G} X^{rt} = \sum_{t}^{G}\sum_{u}^{G} B^{rt}Y^{tu} = B^{rr}Y^{rr} + B^{rr}\sum_{t\neq s,r}^{G} Y^{rt} + B^{rr}Y^{rs} + \sum_{t\neq s,r}^{G} B^{rt}Y^{tt} + \sum_{t\neq s,r}^{G}\sum_{u\neq s,t}^{G} B^{rt}Y^{tu} + \sum_{t\neq s,r}^{G} B^{rt}Y^{ts} + B^{rs}Y^{ss} + \sum_{t\neq s}^{G} B^{rs}Y^{st} \tag{2-4}$$

式(2-4)两边左乘矩阵 A^{sr}，则国家 s 的中间产品出口可以分解为以下 8 个部分：

$$A^{sr}X^{r} = A^{sr}B^{rr}Y^{rr} + A^{sr}\sum_{t\neq s,r}^{G} B^{rt}Y^{tt} + A^{sr}B^{rr}\sum_{t\neq s,r}^{G} Y^{rt} + A^{sr}\sum_{t\neq s,r}^{G}\sum_{u\neq s,t}^{G} B^{rt}Y^{tu} + A^{sr}B^{rr}Y^{rs} + A^{sr}\sum_{t\neq s,r}^{G} B^{rt}Y^{ts} + A^{sr}B^{rs}Y^{ss} + A^{sr}\sum_{t\neq s}^{G} B^{rs}Y^{st} \tag{2-5}$$

式（2-5）右边的第一项表示国家 s 出口中间产品到国家 r，被国家 r 直接吸收，用于生产其国内消费的最终产品，其余各项可作类似的解释，不再赘述。

国家 s 对国家 r 的中间产品出口也可以利用供给等于使用的平衡条件表示为

$$A^{sr}X^{r} = A^{sr}L^{rr}Y^{rr} + A^{sr}L^{rr}E^{r*} \tag{2-6}$$

其中，L^{rr}是 $N\times N$ 维的本地列昂惕夫逆矩阵(与全球列昂惕夫逆矩阵 B^{rr}不同)，E^{r*} 是 $N\times1$ 的国家 r 的总出口向量

$$E^{r*} = \sum_{t\neq r}^{G} E^{rt} \tag{2-7}$$

利用增加值系数向量，国家 s 对国家 r 的中间产品出口可以进一步表示为增加值的形式

$$A^{sr}X^{r} = (V^{s}L^{ss})^{T}\#(A^{sr}X^{r}) + (V^{s}B^{ss} - V^{s}L^{ss})^{T}\#(A^{sr}X^{r}) +$$

$$(V^rB^{rs})^T\#(A^{sr}X^r)+(\sum_{t\neq s,r}^{G}V^tB^{ts})^T\#(A^{sr}X^r) \tag{2-8}$$

其中，V^s、V^r 和 V^t 分别表示国家 s、国家 r 和其余所有国家的直接增加值系数向量

$$V^sB^{ss}=\left[\sum_{i}^{N}v_i^sb_{i1}^{ss},\sum_{i}^{N}v_i^sb_{i2}^{ss},\cdots,\sum_{i}^{N}v_i^sb_{iN}^{ss},\right] \tag{2-9}$$

V^rB^{rs}、V^tB^{ts} 以及 V^sL^{ss} 可作类似的解释，且 $\sum_{t}^{G}V^tB^{ts}=\mu$，$\mu$ 为单位向量。我们把式(2-5)和式(2-6)代入式(2-8)，则国家 s 对国家 r 的中间产品出口贸易可以分解为如式(2-10)所示的13个部分，其中的“#”号表示点乘，即每个矩阵对应元素相乘

$$\begin{aligned}A^{sr}X^r=&(V^sL^{ss})^T\#(A^{sr}B^{rr}Y^{rr})+(V^sL^{ss})^T\#\left(A^{sr}\sum_{t\neq s,r}^{G}B^{rt}Y^{tt}\right)+\\&(V^sL^{ss})^T\#\left(A^{sr}B^{rr}\sum_{t\neq s,r}^{G}Y^{rt}\right)+(V^sL^{ss})^T\#\left(A^{sr}\sum_{t\neq s,r}^{G}\sum_{u\neq s,t}^{G}B^{rt}Y^{tu}\right)+\\&(V^sL^{ss})^T\#(A^{sr}B^{rr}Y^{rs})+(V^sL^{ss})^T\#\left(A^{sr}\sum_{t\neq s,r}^{G}B^{rt}Y^{ts}\right)+\\&(V^sL^{ss})^T\#(A^{sr}B^{rs}Y^{ss})+(V^sL^{ss})^T\#\left(A^{sr}\sum_{t\neq s,r}^{G}B^{rs}Y^{st}\right)+\\&(V^sB^{ss}-V^sL^{ss})^T\#(A^{sr}X^r)+(V^rB^{rs})^T\#(A^{sr}L^{rr}Y^{rr})+\\&(V^rB^{rs})^T\#(A^{sr}L^{rr}E^{r*})+\left(\sum_{t\neq s,r}^{G}V^tB^{ts}\right)^T\#(A^{sr}L^{rr}Y^{rr})+\\&\left(\sum_{t\neq s,r}^{G}V^tB^{ts}\right)^T\#(A^{sr}L^{rr}E^{r*})\end{aligned} \tag{2-10}$$

国家 s 的最终产品出口可以分解为国内增加值和国外增加值之和

$$Y^{sr}=(V^sB^{ss})^T\#Y^{sr}+(V^rB^{rs})^T\#Y^{sr}+\left(\sum_{t\neq s,r}^{G}V^tB^{ts}\right)^T\#Y^{sr} \tag{2-11}$$

因此，结合式(2-10)和式(2-11)可将国家 s 对国家 r 的总出口最终分解为如下的16个部分

$$\begin{aligned}E^{sr}=&(V^sB^{ss})^T\#Y^{sr}+(V^sL^{ss})^T\#(A^{sr}B^{rr}Y^{rr})+(V^sL^{ss})^T\#\\&\left(A^{sr}\sum_{t\neq s,r}^{G}B^{rt}Y^{tt}\right)+(V^sL^{ss})^T\#\left(A^{sr}B^{rr}\sum_{t\neq s,r}^{G}Y^{rt}\right)+(V^sL^{ss})^T\#\end{aligned}$$

$$\left(A^{sr}\sum_{t\neq s,r}^{G}\sum_{u\neq s,t}^{G}B^{rt}Y^{tu}\right)+(V^{s}L^{ss})^{T}\#(A^{sr}B^{rr}Y^{rs})+(V^{s}L^{ss})^{T}\#$$
$$\left(A^{sr}\sum_{t\neq s,r}^{G}B^{rt}Y^{ts}\right)+(V^{s}L^{ss})^{T}\#(A^{sr}B^{rs}Y^{ss})+(V^{s}L^{ss})^{T}\#$$
$$(A^{sr}\sum_{t\neq s,r}^{G}B^{rs}Y^{st})+(V^{s}B^{ss}-V^{s}L^{ss})^{T}\#(A^{sr}X^{r})+(V^{r}B^{rs})^{T}\#$$
$$Y^{sr}+(V^{r}B^{rs})^{T}\#(A^{sr}L^{rr}Y^{rr})+(V^{r}B^{rs})^{T}\#(A^{sr}L^{rr}E^{r*})+$$
$$\left(\sum_{t\neq s,r}^{G}V^{t}B^{ts}\right)^{T}\#Y^{sr}+\left(\sum_{t\neq s,r}^{G}V^{t}B^{ts}\right)^{T}\#(A^{sr}L^{rr}Y^{rr})+$$
$$\left(\sum_{t\neq s,r}^{G}V^{t}B^{ts}\right)^{T}\#(A^{sr}L^{rr}E^{r*}) \tag{2-12}$$

式（2-12）右边的16项依次为：①最终产品出口的国内增加值；②直接被进口国生产国内最终需求吸收的中间产品出口的国内增加值；③被进口国出口至第三国并被第三国生产国内最终需求吸收的中间产品出口的国内增加值；④被进口国用于生产最终产品并出口至第三国的中间产品出口的国内增加值；⑤被进口国用于生产中间产品并出口至第三国，最终以最终产品进口返回第二国的中间出口的国内增加值；⑥被进口国生产最终出口返回国内吸收的中间产品出口的国内增加值；⑦被进口国生产中间出口至第三国最终以最终产品进口返回的国内吸收的中间产品出口的国内增加值；⑧被进口国生产中间出口返回国内生产国内最终需求吸收的中间产品出口的国内增加值；⑨被进口国生产中间出口返回国内生产最终出口吸收的中间产品出口的国内增加值；⑩被进口国生产中间产品出口返回国内生产中间产品出口的中间产品出口国内增加值；⑪最终产品出口的进口国增加值；⑫中间产品出口的进口国增加值；⑬中间产品出口的进口国价值重复计算部分；⑭最终产品出口的第三国增加值；⑮中间产品出口的第三国增加值；⑯中间产品出口的第三国价值重复计算部分。

我们定义制造业出口产品的垂直专业化或国外含量为第⑪~⑯项之和，其中，第⑪项和第⑭项之和是最终产品出口的国外增加值；第⑫项和第⑮项之和为中间产品出口的国外增加值；第⑬项和第⑯项为来自国外账户的重复计算，这两项虽然是重复计算，但是由于其增加值的创造仍然是在国外完成的，因此也属于出口产品的国外含量的一部分。接下来，我们利用这种分解方法对中国制造业各部门出口产品的垂直专业化指数进行计算，并对垂直专业化指数进行结构分解。

（三）中国制造业部门垂直专业化指数测算和结构分解

1. 中国制造业部门的垂直专业化及其结构分解

根据世界投入产出表中的部门划分，关于制造业部门，我们选取食品、饮料和烟草制造业，纺织原料及纺织制品业，皮革、皮革制品和鞋类制造业，木材、木材产品和软木制造业，纸浆、纸张、印刷和出版业，焦炭、精炼石油及核燃料制造业，化学品和化工产品制造业，橡胶和塑料制品制造业，其他非金属矿产品制造业，基本金属和金属制品业，机械产品制造业，电气和光学设备制造业，运输设备制造业和资源回收业，共计 14 个部门。

由于制造业部门出口产品的垂直专业化或国外含量可以分解为三部分，即最终产品出口的国外增加值、中间产品出口的国外增加值以及来自国外的重复计算部分，制造业部门出口产品的垂直专业化结构就是指以上三部分在整个垂直专业化或国外含量中所占的比例。我们首先从宏观角度看一下全球制造业垂直专业化的平均水平及其结构变动特征。

从表 2 -3 和图 2 -3 可以看出，全球制造业平均的垂直专业化指数已经从 1995 年的 0. 225 上升到 2011 年的 0. 308，增长了 36. 9%，表明随着经济全球化的不断深入，全球制造业参与垂直专业化分工的程度在不断提高。从全球制造业的垂直专业化结构来看，最终产品出口的国外增加值份额呈现逐步下降的趋势，从 1995 年的 0. 455 下降至 2011 年的 0. 406，从平均意义上表明世界各国制造业出口中简单的加工装配活动在逐渐减少；与此同时，全球制造业中间产品出口的国外增加值份额比较稳定，保持在 34% 左右，而来自国外的重复计算份额呈现增长趋势，从 1995 年的 0. 195 上升至 2011 年的 0. 250，增幅达 28. 2%，表明中间产品贸易日趋活跃，不断跨越国境，造成重复计算，这也是垂直专业化持续增长的主要驱动因素。

表 2－3　1995～2011 年全球制造业部门的垂直专业化指数及其结构

年份	垂直专业化指数	最终产品出口的国外增加值份额	中间产品出口的国外增加值份额	来自国外的重复计算份额
1995	0.225	0.455	0.349	0.195
2000	0.265	0.457	0.322	0.222
2005	0.299	0.423	0.325	0.251
2007	0.316	0.407	0.324	0.269
2009	0.284	0.433	0.334	0.232
2011	0.308	0.406	0.345	0.250

资料来源：根据世界投入产出表计算得到。

我们对中国制造业部门平均的垂直专业化指数进行了水平测算和结构分解，由图 2－2 可知，1995～2011 年中国制造业部门平均的垂直专业化指数水平也呈现增长态势，从 1995 年的 0.1596 上升至 2011 年的 0.2114，虽低于全球制造业的平均水平，但增幅达 32.5%，表明中国制造业部门融入全球生产和贸易网络的程度是在不断提高的。从表 2－4 计算的中国制造业部门的垂直专业化结构来看，最终产品出口的国外增加值份额在逐步下降，从 1995 年的 0.5635 下降至 2011 年的 0.4403，如果假设 1995 年中国制造业出口产品中蕴含 10000 美元的国外增加值，那么最终产品出口中蕴含的国外增加值有 5635 美元，表明当时中国制造业出口部门一半多的垂直专业化活动是从事最终产品的加工组装工序，通过依靠廉价的劳动力和其他资源，成为国外跨国公司的出口平台。然而，正如我们所看到的，这一局面到 2011 年已经发生变化，若依然假设中国制造业出口产品中包含 10000 美元的国外增加值，那么此时最终产品出口中的国外增加值已下降至 4403 美元，表明中国制造业参与全球垂直专业化分工的形式已经有所改变，单纯的最终产品加工组装活动日趋减少，而国外增加值的更大比例被用于生产出口用的中间产品。

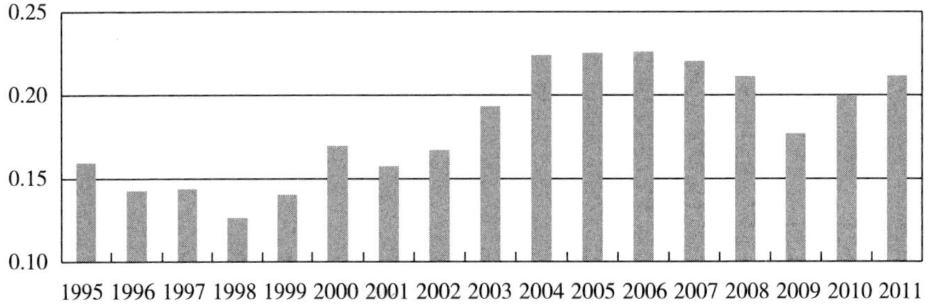

图 2－2　1995～2011 年中国制造业部门平均的垂直专业化指数

资料来源：根据世界投入产出表计算得到。

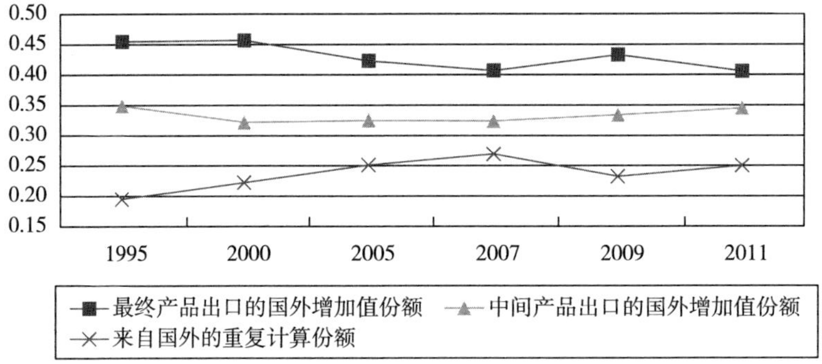

图 2－3　1995～2011 年世界制造业部门的垂直专业化结构变动

资料来源：根据世界投入产出表计算得到。

我们从表 2－4 可以发现，中国制造业中间产品出口的国外增加值份额在 1995～2011 年总体呈上升趋势，特别是 2009 年以来，这一比例已经上升至 2011 年的 0.3814，表明中国制造业在全球价值链上的总体分工地位有所提升，制造业部门经过多年的国际市场竞争，已经开始进行产业升级活动。例如，中国东部沿海一些先进省市正积极地从制造业产品全球价值链的生产组装等低端环节向零部件和中间产品加工制造的中高端环节攀升，产业升级的步伐在加快。

表 2－4　1995～2011 年中国制造业部门的垂直专业化指数及其结构分解

年份	垂直专业化指数	最终产品出口的国外增加值份额	中间产品出口的国外增加值份额	来自国外的重复计算份额
1995	0. 1596	0. 5635	0. 3274	0. 1091
1996	0. 1426	0. 5619	0. 3211	0. 1170
1997	0. 1439	0. 5678	0. 3164	0. 1158
1998	0. 1264	0. 5595	0. 3171	0. 1234
1999	0. 1403	0. 5440	0. 3264	0. 1297
2000	0. 1699	0. 5209	0. 3344	0. 1447
2001	0. 1576	0. 5143	0. 3403	0. 1454
2002	0. 1670	0. 5017	0. 3535	0. 1448
2003	0. 1933	0. 5046	0. 3476	0. 1478
2004	0. 2240	0. 4829	0. 3566	0. 1605
2005	0. 2254	0. 4814	0. 3559	0. 1627
2006	0. 2264	0. 4628	0. 3672	0. 1701
2007	0. 2204	0. 4627	0. 3613	0. 1760
2008	0. 2112	0. 4580	0. 3584	0. 1837
2009	0. 1770	0. 4715	0. 3629	0. 1656
2010	0. 1997	0. 4516	0. 3716	0. 1768
2011	0. 2114	0. 4403	0. 3814	0. 1784

资料来源：根据世界投入产出表计算得到。

从图 2－4 可以看出，中国制造业出口产品中来自国外的重复计算部分的份额也有明显上升，已经从 1995 年的 0. 1091 上升至 2011 年的 0. 1784，表明中国制造业参与全球价值链分工的程度在逐步深化。一国出口中来自国外的重复计算部分只有当存在多国间来回往复的中间品贸易时才会出现，这一部分在垂直专业化中的比例上升表明中间贸易品在被用于最终产品生产之前，跨越国境的次数在不断增多。

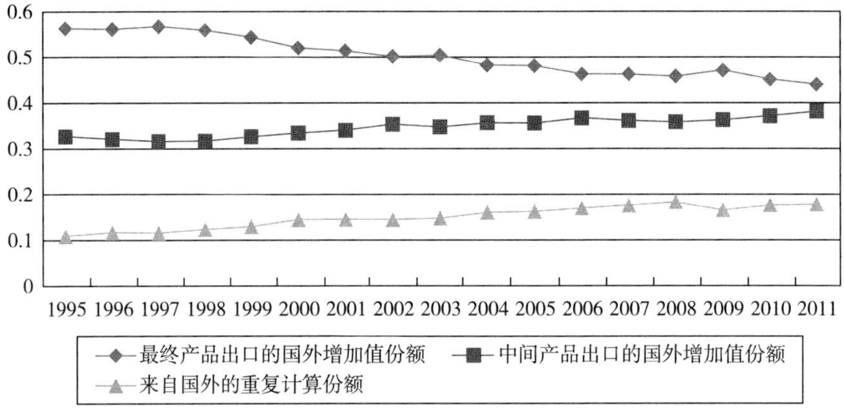

图 2-4 1995~2011 年中国制造业部门的垂直专业化结构变动趋势

资料来源：根据世界投入产出表计算得到。

近年来，伴随着通信和运输成本的降低，中国政府也在大力实施降低中间产品关税和提高贸易便利化程度方面的措施，也促使出口产品中来自国外的重复计算部分不断上升。然而，2009 年来自国外的重复计算部分比例出现大幅下挫，从 2008 年的 0.1837 下降到 2009 年的 0.1656，垂直专业化指数也从 2008 年的 0.2112 下滑至 2009 年的 0.177，究其原因，主要是美国次贷危机导致全球经济衰退，而全球价值链分工所导致的中间产品贸易在面对不利的外需冲击时，往往反应过于剧烈，使得包括中国在内的几乎所有国家的对外贸易都受到了严重的影响，出现了贸易崩塌现象。因此，来自国外的重复计算部分下滑明显，这也从一个侧面说明全球价值链分工对全球经济危机有放大趋势。

为了详细考察中国制造业部门的垂直专业化结构，我们对 1995~2011 年制造业 14 个细分部门的垂直专业化指数及其结构进行计算和分解，限于篇幅，在此只在表 2-5 中列出 1995 年和 2011 年的结果进行对比分析。可以看出，1995~2011 年中国制造业各细分部门的垂直专业化结构既有相同的变动趋势，又具有不同的异质性特征。从发展趋势来看，绝大部分制造业部门在此期间的垂直专业化指数都呈现增长态势，表明大部分制造业部门积极参与全球价值链分工，融入国际生产与贸易网络的程度在提高。个别部门如纺织原料及纺织制品，皮革、皮革制品和鞋类、资源回收业等的垂直专业化指数出现下降，说明这些部门参与垂直专业化分工的程度有所下降。我们认为其下降原因与部门自身的内向型特征以及国际竞争能力有关，例如资源回收业参与国际市场竞争的程度较低，主要依靠本国要素和投入进行生产，而纺织原料及纺织制品制造业，皮革、皮革制品和鞋类制造业在20世纪90年代曾经具有较高的垂直专业化指数，但目前也主要依靠国内劳动和资本要素进行生产。

表2-5 1995~2011年中国制造业各部门垂直专业化指数及其结构的变动

部门名称	垂直专业化指数		最终产品出口的国外增加值份额		中间产品出口的国外增加值份额		来自国外的重复计算份额	
	1995年	2011年	1995年	2011年	1995年	2011年	1995年	2011年
食品、饮料和烟草	0.0835	0.1106	0.9041	0.8638	0.0805	0.1065	0.0154	0.0297
纺织原料及纺织制品	0.1756	0.1428	0.7048	0.6743	0.1828	0.1765	0.1124	0.1492
皮革、皮革制品和鞋类	0.1873	0.1438	0.7533	0.8601	0.2046	0.1056	0.0421	0.0343
木材、木材产品和软木	0.1604	0.1653	0.5463	0.2229	0.3833	0.6135	0.0704	0.1636
纸浆、纸张、印刷和出版	0.1435	0.1833	0.4763	0.2282	0.4027	0.5798	0.1210	0.1920
焦炭、精炼石油及核燃料	0.2061	0.4311	0.2667	0.2120	0.5271	0.5411	0.2062	0.2468
化学品和化工产品	0.1528	0.2385	0.4422	0.1930	0.3833	0.4856	0.1745	0.3214
橡胶和塑料制品	0.1792	0.2280	0.4250	0.3188	0.4235	0.4599	0.1515	0.2213
其他非金属矿产品	0.1081	0.1655	0.4769	0.2031	0.4555	0.6731	0.0677	0.1238
基本金属和金属制品	0.1544	0.2679	0.3120	0.1447	0.5050	0.5219	0.1830	0.3334

续表

部门名称	垂直专业化指数		最终产品出口的国外增加值份额		中间产品出口的国外增加值份额		来自国外的重复计算份额	
	1995 年	2011 年	1995 年	2011 年	1995 年	2011 年	1995 年	2011 年
机械产品	0. 1476	0. 2275	0. 6735	0. 6209	0. 2381	0. 2365	0. 0884	0. 1426
电气和光学设备	0. 2210	0. 2891	0. 5687	0. 5020	0. 2749	0. 2767	0. 1563	0. 2213
运输设备	0. 1623	0. 2220	0. 4865	0. 4496	0. 4046	0. 3609	0. 1089	0. 1895
资源回收业	0. 1534	0. 1440	0. 8522	0. 6705	0. 1182	0. 2014	0. 0296	0. 1281

资料来源：根据世界投入产出表计算得到。

具体而言，从制造业各部门垂直专业化指数的绝对水平来看，1995年，垂直专业化指数排名前三位的部门是电气和光学设备制造业，焦炭、精炼石油及核燃料制造业，皮革、皮革制品和鞋类制造业，到2011年，前三位的部门分别是焦炭、精炼石油及核燃料制造业，电气和光学设备制造业，基本金属和金属制品制造业，部门变动不大。从制造业部门的垂直专业化结构来看，绝大部分制造业部门的最终产品出口的国外增加值份额都呈现下降态势。其中，下降幅度较大的部门有木材、木材产品和软木制造业，其他非金属矿产品制造业，化学品和化工产品制造业。1995～2011年，这几个部门的最终产品出口的国外增加值比例都下滑了56%以上，说明这些部门已经大幅减少最终产品出口的加工组装活动，分工地位有所改善。中间产品出口的国外增加值份额有升有降，升幅最高的部门有资源回收业（增长了70%），木材、木材产品和软木制造业（增长了60%），材、木材产品和软木制造业部门出口的中间产品蕴含较高的国外增加值含量，也表明该部门出口木材中间产品供其他进口国生产最终产品，参与全球价值链分工的层次从初级的最终产品组装到生产和出口中间产品转变，体现出该部门转型升级的步伐加快。类似的部门还有化学品和化工产品部门，其中间产品出口的国外增加值份额也显著提高，而最终产品出口的国外增加值份额明显下降，来自国外的重复计算份额上升较快，说明该部门参与全球价值链分工的程度在提升。

2. 中国电气和光学设备制造业部门的垂直专业化及其结构分解

为了更详尽地分析中国制造业部门出口产品垂直专业化结构的特征和变化情况，我们以参与垂直专业化活动较多的电气和光学设备制造业部门为例，对其垂直专业化结构进行详细分解，结果如图 2－5 所示。从中国电气和光学设备制造业的垂直专业化指数水平的变动情况看来看，1995～1998 年，垂直专业化指数水平有小幅下滑，维持在 0.2 的水平；1998～2005 年，垂直专业化指数呈现增长态势，尤其是中国加入 WTO 以后，电气和光学设备制造业的垂直专业化水平快速提升，从 2001 年的 0.2539 飞速攀升到 2005 年的 0.3756；2005～2009 年，该部门的垂直专业化指数呈现下滑趋势，2009 年已降至 0.2681，2010～2011 年又出现小幅反弹，2011 年达到 0.2891 的水平。从电气和光学设备制造业出口产品的垂直专业化结构的变动来看，最终产品出口的国外增加值份额总体呈现下降趋势，从 1995 年的 0.5687 下降到 2011 年的 0.5020，而中间产品出口的国外增加值份额具有先下降后上升的变动特征，2011 年稳定在 0.2767 的水平上，而来自国外的重复计算份额呈现稳定上升态势，从 1995 年的 0.1563 上升到 2011 年的 0.2213，增长了 41.6%，表明该部门参与全球价值链分工和国际中间产品贸易的程度在逐步提高。

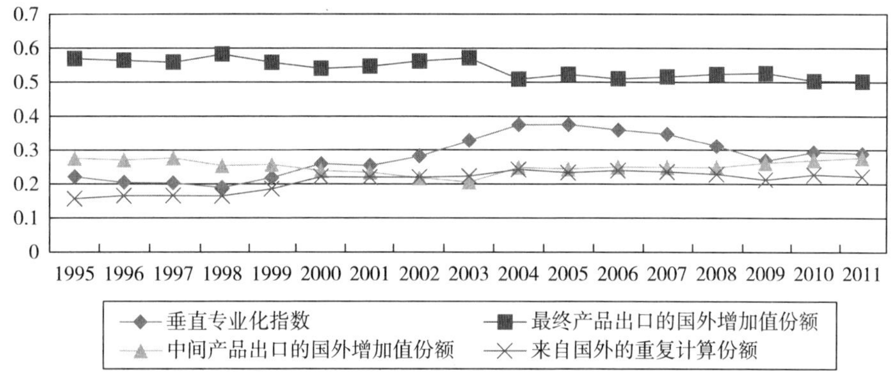

图 2－5　中国电气和光学设备产品的垂直专业化指数及其结构

资料来源：根据世界投入产出表计算得到。

为了更好地理解中国电气和光学设备制造业在全球价值链上的地位变化，我们对该部门出口产品的垂直专业化结构进行国家和地区之间的横向比较。我们选定几个有代表性的亚洲经济体，包括日本、韩国、中国台湾，其中，既有发达经济体，又有发展中经济体，表 2 – 6 列出各经济体的计算结果。

表 2 – 6　电气和光学设备的垂直专业化结构比较

年份	垂直专业化指数	最终产品出口的国外增加值份额	中间产品出口的国外增加值份额	来自国外的重复计算份额	垂直专业化指数	最终产品出口的国外增加值份额	中间产品出口的国外增加值份额	来自国外的重复计算份额
	中国大陆				日本			
1995	0. 221	0. 569	0. 275	0. 156	0. 067	0. 446	0. 348	0. 206
2000	0. 259	0. 540	0. 239	0. 221	0. 095	0. 435	0. 295	0. 270
2005	0. 376	0. 523	0. 244	0. 233	0. 118	0. 355	0. 314	0. 331
2011	0. 289	0. 502	0. 277	0. 221	0. 160	0. 331	0. 375	0. 294
	韩国				中国台湾			
1995	0. 278	0. 300	0. 437	0. 263	0. 438	0. 402	0. 391	0. 207
2000	0. 351	0. 403	0. 309	0. 287	0. 448	0. 410	0. 313	0. 276
2005	0. 346	0. 310	0. 312	0. 379	0. 490	0. 222	0. 328	0. 450
2011	0. 368	0. 264	0. 406	0. 330	0. 482	0. 174	0. 417	0. 409

资料来源：根据世界投入产出表计算得到。

从各经济体电气和光学设备的垂直专业化结构变动来看，1995 ~ 2011 年中国大陆、日本、中国台湾、韩国的最终产品出口中的国外增加值份额都出现下降，例如，1995 年中国大陆最终产品出口的国外增加值份额为 56. 9% ，到 2011 年，这一份额下降到 50. 2% ；日本最终产品出口的国外增加值份额在 1995 年和 2011 年分别为 44. 6% 和 33. 1% ；韩国的份额分别为 30% 和 26. 4% 。值得注意的是，中国台湾在这一指标上的降幅最为剧烈，从 1995 年的 40. 2% 快速下降到 2011 年的 17. 4% ，表明随着经济水平、科技水平和人均收入水平的不断提高，中国台湾在此期间大幅减少了电气和光学设备最终产品组装的垂直专业化活动，转向更为先进的中间产品设计制造和出口活动。从上面的对比分析可以看出，日本、韩国和中国台湾属于亚洲的发达经济体，在全球电气和光学设备全球价值链中处于较为高端的位置，虽然这几个经济体在该产品出口的垂直专业化指数呈现差异性，但是若从垂直专业化的结构角度来分析，这几个发达经济体却具有一定的相似性，即在电气和光学设备制造业出口中，最终产品出口的国外增加值份额不断下降，中间产品出口的国外增加值稳步上升或保持稳定，来自国外的重复计算份额不断上升。中国大陆电气和光学设备的出口较多，但是与前面的发达经济体相比，出口产品的垂直专业化结构尚需优化。中国大陆最终产品出口的外部增加值份额还是偏高，达到50%，远超其他发达经济体的平均水平，说明中国大陆在该产品全球价值链中依然主要处于加工组装环节。与此同时，中国大陆中间产品出口的外部增加值份额偏低，目前在27%左右，远低于中国台湾、日本、韩国等发达经济体的水平，中国大陆来自外部的重复计算份额近年来稳定在22%的水平，也低于日本、中国台湾和韩国的水平。

我们可以对中国大陆光学和电气设备制造业出口产品的外部含量进行分解，限于篇幅，我们将各类分解进行加总，具体计算结果如表2－7所示。

表2－7　中国大陆电气和光学设备制造业出口产品垂直专业化分解

单位:%

经济体	1995年				2011年			
	最终产品增加值份额	中间产品增加值份额	重复计算部分份额	垂直专业化指数	最终产品增加值份额	中间产品增加值份额	重复计算部分份额	垂直专业化指数
澳大利亚	0.33	0.16	0.09	0.58	0.82	0.45	0.36	1.63
奥地利	0.04	0.02	0.02	0.08	0.08	0.04	0.03	0.15
比利时	0.11	0.05	0.03	0.19	0.08	0.05	0.03	0.16
保加利亚	0.00	0.00	0.00	0.00	0.01	0.00	0.00	0.01

续表

经济体	1995年				2011年			
	最终产品增加值份额	中间产品增加值份额	重复计算部分份额	垂直专业化指数	最终产品增加值份额	中间产品增加值份额	重复计算部分份额	垂直专业化指数
巴西	0.08	0.04	0.02	0.14	0.23	0.13	0.10	0.46
加拿大	0.22	0.10	0.06	0.38	0.26	0.14	0.11	0.51
塞浦路斯	0.00	0.00	0.00	0.00	0.00	0.00	0.00	0.00
捷克	0.01	0.00	0.00	0.01	0.03	0.01	0.01	0.05
德国	0.56	0.27	0.15	0.98	0.75	0.41	0.33	1.49
丹麦	0.03	0.02	0.00	0.05	0.04	0.02	0.02	0.08
西班牙	0.08	0.04	0.02	0.14	0.07	0.04	0.03	0.14
爱沙尼亚	0.00	0.00	0.00	0.00	0.00	0.00	0.00	0.00
芬兰	0.05	0.02	0.02	0.09	0.06	0.03	0.03	0.12
法国	0.24	0.11	0.07	0.42	0.25	0.14	0.11	0.50
英国	0.42	0.20	0.11	0.73	0.21	0.12	0.10	0.43
希腊	0.00	0.00	0.00	0.00	0.01	0.01	0.00	0.02
匈牙利	0.01	0.00	0.00	0.01	0.02	0.01	0.01	0.04
印度尼西亚	0.19	0.09	0.05	0.33	0.25	0.14	0.11	0.50
印度	0.05	0.03	0.02	0.10	0.15	0.08	0.07	0.30
以色列	0.02	0.01	0.00	0.03	0.04	0.02	0.02	0.08
意大利	0.20	0.10	0.06	0.36	0.20	0.11	0.08	0.39
日本	3.33	1.61	0.91	5.85	1.71	0.94	0.75	3.40
韩国	1.01	0.49	0.28	1.78	1.22	0.67	0.54	2.43
立陶宛	0.00	0.00	0.00	0.00	0.00	0.00	0.00	0.00
卢森堡	0.01	0.00	0.00	0.01	0.01	0.01	0.00	0.02
拉脱维亚	0.00	0.00	0.00	0.00	0.00	0.00	0.00	0.00
墨西哥	0.04	0.02	0.01	0.07	0.10	0.05	0.05	0.20
马耳他	0.00	0.00	0.00	0.00	0.01	0.00	0.00	0.01
荷兰	0.14	0.07	0.04	0.25	0.14	0.07	0.06	0.27
波兰	0.02	0.01	0.00	0.03	0.04	0.02	0.02	0.08
葡萄牙	0.02	0.01	0.00	0.03	0.01	0.01	0.00	0.02

续表

经济体	1995 年				2011 年			
	最终产品增加值份额	中间产品增加值份额	重复计算部分份额	垂直专业化指数	最终产品增加值份额	中间产品增加值份额	重复计算部分份额	垂直专业化指数
罗马尼亚	0.01	0.01	0.00	0.02	0.01	0.01	0.00	0.02
俄罗斯	0.18	0.09	0.05	0.32	0.42	0.23	0.18	0.83
斯洛伐克	0.00	0.00	0.00	0.00	0.01	0.00	0.00	0.01
斯洛文尼亚	0.00	0.00	0.00	0.00	0.00	0.00	0.00	0.00
瑞典	0.09	0.04	0.02	0.15	0.12	0.07	0.05	0.24
土耳其	0.04	0.02	0.02	0.08	0.04	0.02	0.02	0.08
中国台湾	1.16	0.56	0.32	2.04	1.34	0.74	0.59	2.67
美国	1.75	0.84	0.48	3.07	1.74	0.96	0.77	3.47
其他经济体	2.13	1.03	0.59	3.75	4.03	2.22	1.77	8.02

资料来源：根据世界投入产出表计算得到。

利用表 2－7 的分解结果，我们可以对中国大陆电气和光学设备制造业出口产品的垂直专业化来源地区进行分析。例如，澳大利亚在中国大陆的电气和光学设备制造业的最终产品出口中贡献了 0.33% 的份额，在中间产品出口中贡献了 0.16% 的份额，并且源自澳大利亚的重复计算部分占中国大陆该产品出口值的份额为 0.09%，因此，澳大利亚在中国大陆电气和光学设备制造业出口产品中的垂直专业化指数为 0.58%。不同国家和地区在不同时期的最终产品出口和中间产品出口中扮演不同的角色。例如，2011 年，在中国大陆此类产品的最终产品出口中，澳大利亚贡献 0.82% 的增加值，德国贡献 0.75%，美国贡献 1.74%，而在中间产品出口贸易中，这三个国家的贡献率分别是 0.45%、0.41% 和 0.96%。从整个最终产品增加值占出口总值的份额来看，1995 年排在前五位的国家和地区分别是日本、美国、中国台湾、韩国和德国，即中国大陆电气和光学设备制造业出口的最终产品中，这五个国家和地区贡献的增加值最高；2011 年顺序稍有变化，依次为美国、日本、中国台湾、韩国、澳大利亚，说明中国大陆在此类最终产品出口方面比较依赖美国、日本、中国台湾等国家和地区。从中间产品增加值占出口总值的份额来看，1995 年排在前五位的经济体分别是日本、美国、中国台湾、韩国和德国，2011 年的前五位分别是美国、日本、中国台湾、韩国和澳大利亚。从重复计算部分所占出口的份额来看，在 1995 年贡献最高的五个国家和地区分别是日本、美国、中国台湾、韩国和德国，2011 年前五位国家和地区变为美国、日本、中国台湾、韩国和澳大利亚。总之，中国大陆电气和光学设备制造业出口产品的垂直专业化含量主要来源于美国、日本、中国台湾、韩国、德国、澳大利亚，这些国家和地区对中国大陆此类产品的出口提供了相当部分的增加值，与中国大陆结成了紧密的全球价值链分工模式。

（四）区分贸易方式的中国制造业部门垂直专业化指数测算

限于世界投入产出表的编制方式，前面在测算中国制造业出口产品国内外增加值时没有很好地考虑不同贸易方式下制造业出口产品生产的异质性，通常假定制造业部门生产的出口产品均为同质性产品，在生产技术方面没有差别。实际上，中国制造业部门的加工贸易出口产品和非加工贸易出口产品（主要是一般贸易出口产品）的生产消耗结构差别较大，加工贸易出口产品往往比非加工贸易出口产品投入更多的国外原材料和中间产品，因此，该类产品的国外增加值比例往往要高于非加工出口贸易产品。如果不区分贸易方式，直接对中国制造业部门出口产品的国内增加值比例进行计算，则必然会产生高估现象，夸大中国出口产品的国内含量。因此，在衡量中国制造业部门参与全球价值链分工程度的时候，有必要考虑不同贸易方式下制造业出口产品生产的异质性。另一类文献已经注意到不同贸易方式下中国制造业出口产品在增加值结构方面的差异性，通过构建反映贸易方式异质性的投入产出表对加工贸易和非加工贸易产品的增加值比例分别进行测算。Koopman 等（2008）通过构建区分加工贸易和非加工贸易的投入产出表，分别对 1997 年和 2002 年中国出口产品中的进口增加值比重进行测算，发现加工贸易出口产品的进口增加值比重明显高于非加工贸易出口产品。Chen 等（2012）、祝坤福等（2013）通过构建区别不同贸易方式的中国非竞争型投入产出表，测算了 2002 年和 2007 年中国出口的国内增加值，同样发现加工贸易出口产品的国内增加值率低于非加工贸易出口的国内增加值率。

与传统投入产出表不同，区分贸易方式的投入产出表将每个部门生产的产品细分成国内使用产品、加工贸易出口产品和非加工贸易出口产品三类，分别由上标 D、P、N 表示。国内使用产品即国内生产的用于满足国内消费和投资需求的产品；加工贸易出口产品即采用加工贸易出口方式生产的产品，产品的中间投入主要来自于国外；非加工贸易出口产品即以非加工贸易出口方式生产的产品，主要是以一般贸易出口产品。上标 M 表示进口产品，X 表示总产出列向量，V 表示增加值行向量，C、I、E 分别代表最终消费、资本形成和出口列向量，F 表示最终使用。Z 为中间流量矩阵，例如，Z^{DD}表示国内使用产品被用于生产同类产品的数量，Z^{DP}表示国内使用产品被用于生产加工贸易出口产品的数量，Z^{DN}表示国内产品被用于生产非加工贸易出口产品的数量，其余要素的含义可以此类推。

根据区分贸易方式的投入产出表的基本结构，我们可以将此投入产出系统表示如下

$$
\begin{aligned}
&Z^{DD}+Z^{DP}+Z^{DN}+F^{D}=X^{D}\\
&Z^{PD}+Z^{PP}+Z^{PN}+F^{P}=X^{P}\\
&Z^{ND}+Z^{NP}+Z^{NN}+F^{N}=X^{N}\\
&Z^{MD}+Z^{MP}+Z^{MN}+F^{M}=X^{M}
\end{aligned}
\tag{2-13}
$$

令 $X=\begin{bmatrix}X^{D}\\X^{P}\\X^{N}\end{bmatrix}$，$Z=\begin{bmatrix}Z^{DD}&Z^{DP}&Z^{DN}\\Z^{PD}&Z^{PP}&Z^{PN}\\Z^{ND}&Z^{NP}&Z^{NN}\end{bmatrix}$，$F=\begin{bmatrix}F^{D}\\F^{P}\\F^{N}\end{bmatrix}$，我们定义国内投入的直接消耗系数矩阵为

$$
A=\begin{bmatrix}A^{DD}&A^{DP}&A^{DN}\\A^{PD}&A^{PP}&A^{PN}\\A^{ND}&A^{NP}&A^{NN}\end{bmatrix}
\tag{2-14}
$$

其中，A^{DD}表示国内使用产品对国内使用产品的直接消耗系数，A^{DP}表示加工贸易出口产品对国内使用产品的直接消耗系数，A^{DN}表示非加工贸易出口产品对国内使用产品的直接消耗系数，其他元素的含义类推。根据上述定义，我们容易将投入产出系统表示成

$$(I-A)X=F \tag{2-15}$$

其中，I为单位矩阵。经过整理，进一步可以得到

$$X=(I-A)^{-1}F=BF \tag{2-16}$$

其中，$B=(I-A)^{-1}$为列昂惕夫逆矩阵。我们定义增加值率行向量为

$$V_a=[V_a^D \quad V_a^P \quad V_a^N] \tag{2-17}$$

其中，$V_a^D=V^D/X^D$，$V_a^P=V^P/X^P$，$V_a^N=V^N/X^N$，则由各类最终需求拉动的国内增加值为

$$V^F=\hat{V}_aBF=\hat{V}_a(1-A)^{-1}F \tag{2-18}$$

其中，$\hat{V}_a$是增加值率对角矩阵，该矩阵对角线上的元素与向量V_a的元素相同。因此，我们利用这个公式可以方便地将国内使用产品、加工贸易出口产品以及非加工贸易出口产品的国内增加值V^{FD}、V^{FP}和V^{FN}计算出来。

$$\begin{aligned}
V^{FD}&=\hat{V}_aBF_1=\hat{V}_a(1-A)^{-1}F_1\\
&=\begin{pmatrix}V_a^D&0&0\\0&V_a^P&0\\0&0&V_a^N\end{pmatrix}\begin{pmatrix}1-A^{DD}&-A^{DP}&-A^{DN}\\-A^{PD}&1-A^{PP}&-A^{PN}\\-A^{ND}&-A^{NP}&1-A^{NN}\end{pmatrix}^{-1}\begin{pmatrix}F^D\\0\\0\end{pmatrix}\\
V^{FP}&=\hat{V}_aBF_2=\hat{V}_a(1-A)^{-1}F_2\\
&=\begin{pmatrix}V_a^D&0&0\\0&V_a^P&0\\0&0&V_a^N\end{pmatrix}\begin{pmatrix}1-A^{DD}&-A^{DP}&-A^{DN}\\-A^{PD}&1-A^{PP}&-A^{PN}\\-A^{ND}&-A^{NP}&1-A^{NN}\end{pmatrix}^{-1}\begin{pmatrix}0\\F^P\\0\end{pmatrix}\\
V^{FN}&=\hat{V}_aBF_3=\hat{V}_a(1-A)^{-1}F_3\\
&=\begin{pmatrix}V_a^D&0&0\\0&V_a^P&0\\0&0&V_a^N\end{pmatrix}\begin{pmatrix}1-A^{DD}&-A^{DP}&-A^{DN}\\-A^{PD}&1-A^{PP}&-A^{PN}\\-A^{ND}&-A^{NP}&1-A^{NN}\end{pmatrix}^{-1}\begin{pmatrix}0\\0\\F^N\end{pmatrix}
\end{aligned} \tag{2-19}$$

本部分的数据来源是 OECD 编制的国家间投入产出表（Inter - Country-Input - Output Tables），该投入产出表是 2012 年 OECD 与 WTO 联合启动的 TiVA（增加值贸易）项目的研究成果，并最终于 2015 年 6 月 2 日正式对外发布，目前已经成为研究全球价值链和增加值贸易的重要数据来源。与欧盟委员会资助编制的世界投入产出表不同，OECD 国家间投入产出表涵盖的经济体数目更多，包括 61 个国家和经济体，囊括 34 个部门，其中制造业部门有 16 个。尤为重要的是，OECD 国家间投入产出表注意到中国和墨西哥两国在制造业部门中广泛存在的加工贸易，在编表过程中充分考虑到不同贸易方式下产品生产的异质性，将中国制造业部门产品按照不同贸易方式区分为国内使用产品、加工贸易出口产品和非加工贸易出口产品，从而为研究不同贸易方式下中国制造业部门产品全球价值链的异质性问题提供了方便。利用 OECD 国家间投入产出表可以方便地计算 1995 ~ 2011 年不同贸易方式下中国制造业各部门产品的垂直专业化指数。我们首先利用 1995 ~ 2011 年的 OECD 国家间投入产出表，计算不同贸易方式下中国制造业部门产品平均的垂直专业化指数。

1. 区分贸易方式的制造业平均垂直专业化指数水平

图 2 - 6 描绘了不同贸易方式下中国制造业产品的垂直专业化指数水平，从垂直专业化指数的绝对值水平来看，1995 ~ 2011 年采用加工贸易出口方式生产的制造业产品的垂直专业化指数最高，以非加工贸易出口方式生产的制造业产品的垂直专业化指数居于第二位，采用国内贸易形式生产用于国内使用的制造业产品的垂直专业化指数水平最低。例如，1995 年以加工贸易方式出口的制造业产品垂直专业化指数高达 0. 7685，非加工贸易出口产品的垂直专业化指数为 0. 1546，而用于国内使用的制造业产品的垂直专业化指数仅为 0. 0735。到了 2011 年，国内增加值比例的大小排序也没有发生变化，国内使用产品、非加工贸易出口产品以及加工贸易出口产品的垂直专业化指数分别为 0. 1612、0. 2451 和 0. 5230。这个结果与我们的预期相符，因为用于国内使用的制造业产品，其主要目的是满足国内的中间需求和最终需求，产品最终在国内市场得以消耗，因此，这类产品在

生产过程中易于投入较多的国内中间投入，增加值也多归功于国内各生产部门生产要素的贡献。出口产品主要用于满足国外的中间需求和最终需求，与国内使用产品相比，出口产品在产品质量、规格、包装等方面为了更好地满足国外的投资需求和消费偏好，在生产制造过程中易于使用较多的进口中间投入品，由此造成同一部门内部出口贸易产品的国外增加值比例要高于国内使用产品的国外增加值比例。更进一步，我们看到以加工贸易方式出口的产品的垂直专业化指数要高于非加工贸易出口（主要是一般贸易出口）产品的垂直专业化指数，这是因为加工贸易的特点是大进大出，通过大量进口来自国外的原材料、零部件和中间产品，结合国内廉价的劳动力、土地等生产要素，加工组装成最终产品或半成品，再大量出口到其他国家。特别是来料加工贸易方式，产品生产需要的中间投入品主要由外商提供，因此这类产品的国内增加值比例一般较低，而国外增加值比例通常较高。

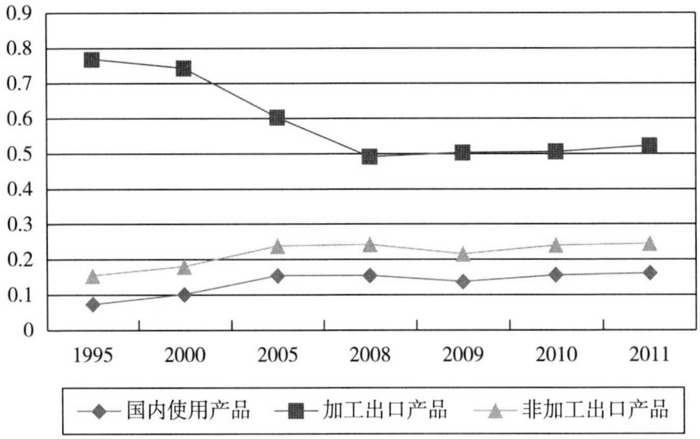

图 2-6　不同贸易方式下中国制造业产品的垂直专业化指数变动趋势

资料来源：根据 OECD 国家间投入产出表计算得到。

2. 区分贸易方式的制造业各细分部门的垂直专业化指数水平

表 2-8 详细列出了不同贸易方式下中国制造业各部门产品的垂直专

业化指数。其中，贸易方式一栏中，DOM 表示国内使用，PRO 表示加工贸易出口，NPR 表示非加工贸易出口。我们以纺织、纺织品、皮革和鞋类产品为例进行详细说明。

表 2－8　不同贸易方式下中国制造业各部门产品的垂直专业化指数

部门名称	贸易方式	1995 年	2000 年	2005 年	2008 年	2009 年	2010 年	2011 年
食品、饮料和烟草	DOM	0.0302	0.0417	0.0628	0.0692	0.0622	0.0752	0.0760
	PRO	0.7383	0.6827	0.4670	0.3945	0.3903	0.4340	0.4411
	NPR	0.0805	0.0972	0.1382	0.1531	0.1381	0.1663	0.1651
纺织、纺织品、皮革和鞋类	DOM	0.0510	0.0580	0.0955	0.0959	0.0825	0.0983	0.0992
	PRO	0.8340	0.7379	0.6010	0.4762	0.4770	0.5179	0.4939
	NPR	0.0984	0.0987	0.1482	0.1507	0.1323	0.1539	0.1534
木材和木制品	DOM	0.0557	0.0894	0.1046	0.0935	0.0808	0.0942	0.0969
	PRO	0.7081	0.7199	0.5326	0.3548	0.3632	0.3795	0.4069
	NPR	0.1088	0.1634	0.1700	0.1484	0.1329	0.1535	0.1591
纸浆、造纸、纸制品和印刷	DOM	0.0626	0.0874	0.1294	0.1302	0.1182	0.1343	0.1384
	PRO	0.8261	0.7781	0.6367	0.5334	0.5582	0.5561	0.5801
	NPR	0.1269	0.1865	0.2346	0.2320	0.2232	0.2446	0.2445
焦炭、精炼石油产品和核燃料	DOM	0.0850	0.1431	0.2062	0.2139	0.1986	0.2229	0.2365
	PRO	0.9285	0.8886	0.7008	0.5750	0.5896	0.5994	0.6386
	NPR	0.1822	0.3050	0.3905	0.4229	0.3419	0.3902	0.4137
化工和化学品	DOM	0.0640	0.0940	0.1403	0.1543	0.1383	0.1627	0.1711
	PRO	0.8103	0.7912	0.6447	0.5434	0.5605	0.5669	0.5931
	NPR	0.1816	0.2329	0.3106	0.3286	0.2855	0.3246	0.3390
橡胶和塑料制品	DOM	0.0639	0.0923	0.1639	0.1710	0.1440	0.1638	0.1714
	PRO	0.6838	0.6713	0.6070	0.5219	0.5156	0.5064	0.5292
	NPR	0.1170	0.1574	0.2546	0.2625	0.2325	0.2488	0.2517
其他非金属矿产品	DOM	0.0619	0.0840	0.1423	0.1572	0.1422	0.1598	0.1723
	PRO	0.5823	0.5725	0.5013	0.4440	0.4499	0.4479	0.4789
	NPR	0.1088	0.1344	0.2207	0.2649	0.2199	0.2474	0.2691

续表

部门名称	贸易方式	1995 年	2000 年	2005 年	2008 年	2009 年	2010 年	2011 年
基本金属	DOM	0. 0646	0. 0939	0. 1353	0. 1357	0. 1199	0. 1365	0. 1429
	PRO	0. 7801	0. 8034	0. 6298	0. 4919	0. 5394	0. 5258	0. 5441
	NPR	0. 1525	0. 1826	0. 2221	0. 2118	0. 1961	0. 2177	0. 2237
金属制品	DOM	0. 0734	0. 1019	0. 1531	0. 1599	0. 1474	0. 1721	0. 1851
	PRO	0. 7418	0. 7391	0. 5746	0. 4577	0. 5019	0. 4932	0. 5197
	NPR	0. 1773	0. 2074	0. 2785	0. 3008	0. 2555	0. 3031	0. 3296
机械和设备	DOM	0. 0856	0. 1042	0. 1532	0. 1485	0. 1298	0. 1461	0. 1504
	PRO	0. 7475	0. 7183	0. 6141	0. 5029	0. 5197	0. 5126	0. 5283
	NPR	0. 1932	0. 1902	0. 2360	0. 2199	0. 2002	0. 2199	0. 2195
计算机、电子和光学设备	DOM	0. 1331	0. 2304	0. 3703	0. 3530	0. 3095	0. 3348	0. 3384
	PRO	0. 7426	0. 7864	0. 7230	0. 6375	0. 6294	0. 6338	0. 6297
	NPR	0. 1890	0. 1841	0. 2755	0. 2950	0. 2744	0. 2947	0. 2785
电力机械和设备	DOM	0. 0765	0. 1088	0. 1762	0. 1756	0. 1533	0. 1707	0. 1753
	PRO	0. 7956	0. 7915	0. 6363	0. 5443	0. 5690	0. 5547	0. 5694
	NPR	0. 1633	0. 1894	0. 2280	0. 2331	0. 2162	0. 2323	0. 2288
机动车、拖车和半拖车	DOM	0. 0969	0. 1103	0. 1720	0. 1811	0. 1481	0. 1733	0. 1813
	PRO	0. 7420	0. 6987	0. 5479	0. 4330	0. 4244	0. 4128	0. 4320
	NPR	0. 1964	0. 1897	0. 2384	0. 2293	0. 2056	0. 2278	0. 2299
其他运输设备	DOM	0. 1324	0. 1478	0. 1852	0. 1739	0. 1634	0. 1826	0. 1795
	PRO	0. 7415	0. 7076	0. 6091	0. 5103	0. 5034	0. 4828	0. 4995
	NPR	0. 2625	0. 2344	0. 3022	0. 2726	0. 2348	0. 2374	0. 2320
其他制造业和回收业	DOM	0. 0398	0. 0379	0. 0853	0. 0587	0. 0547	0. 0631	0. 0646
	PRO	0. 8943	0. 7994	0. 6255	0. 4475	0. 4662	0. 4735	0. 4832
	NPR	0. 1359	0. 1379	0. 1706	0. 1584	0. 1598	0. 1788	0. 1839

资料来源：根据 OECD 国家间投入产出表计算得到。

1995 年用于国内使用的纺织、纺织品、皮革和鞋类的垂直专业化指数为 0. 051，一般贸易出口产品的垂直专业化比例为 0. 0984，而加工贸易出口产品的垂直专业化指数高达 0. 834。这表明采用加工贸易方式出口的纺织品服装投入较多的国外料件，参与全球价值链分工的程度很高。与用于国内使用的纺织品服装类似，非加工贸易出口的产品也更多地使用国内原材料，产品生产体现了较高的国内含量。20 世纪 90 年代中期，中国沿海地区的纺织品服装加工贸易企业就是充分发挥了中国大量廉价劳动力的优势，结合国外运来的大量中间投入品，采用加工贸易方式出口较多的纺织品服装产品。到了 2011 年，中国纺织、纺织品、皮革和鞋类加工贸易出口产品的垂直专业化指数已经降至 0.4939，这说明经过十多年的发展，国内纺织品中间产品和零部件的供应能力得到有效提升，采用加工贸易方式出口的纺织品不再过度依赖国外的料件，出口产品中已经蕴含较高的本国含量，纺织品服装产品在全球价值链中的地位有所提高。

从图 2 -7 中我们可以发现 2011 年用于国内使用的纺织品服装和非加工贸易出口的纺织品服装的垂直专业化指数与 1995 年相比出现一定程度的上升，这说明采用这两种贸易方式生产的产品开始适量使用进口中间投入品以替代国内中间投入品，参与全球价值链分工的程度有所提高。其他部门产品参与垂直专业化分工的情况可以进行类似分析，不再赘述。

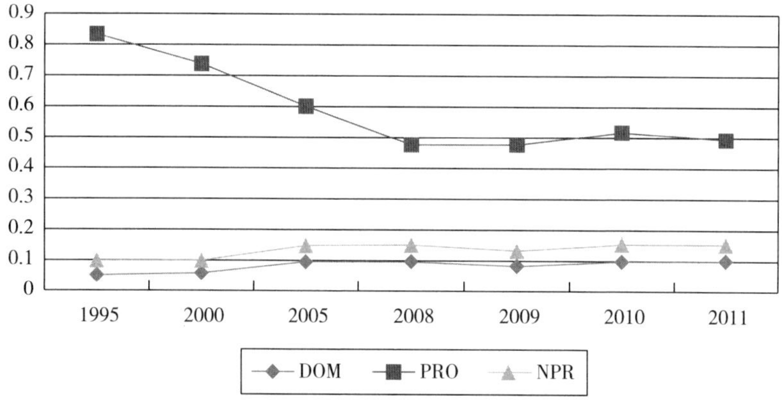

图 2 -7　不同贸易方式下中国纺织品的垂直专业化指数

资料来源：根据 OECD 国家间投入产出表计算得到。

三、基于世界投入产出表的制造业全球价值链参与度指数构建与测算

（一）基于世界投入产出表的中国制造业全球价值链参与度指数构建

在垂直专业化指数的基础上，Koopman 等（2010）提出了测算一国某产业参与全球价值链分工程度的衡量指标，即全球价值链参与度指数（GVC Participation Index）。具体而言，全球价值链参与度指数即一国某产业向其他国家出口的中间产品所包含的国内增加值的对数值，与该产业出口品中使用的进口中间品的国外增加值的对数值之和。具体计算公式如下

$$GVC\_\ Participation_{ir} = \ln\left(1 + \frac{IV_{ir}}{E_{ir}}\right) + \ln\left(1 + \frac{FV_{ir}}{E_{ir}}\right) \tag{2-20}$$

其中，$GVC_\ Participation_{ir}$代表全球价值链参与度指数，衡量 r 国 i 产业参与全球价值链分工的程度，IV_{ir}表示 r 国 i 产业间接的增加值出口，即 r 国 i 产业向其他国家出口的中间产品中所包含的国内增加值，该中间产品出口到进口国后，又被该国加工后生产成中间产品或最终品出口到第三国。FV_{ir}则表示 r 国 i 产业出口产品中包含的国外增加值，即 r 国 i 产业出口产品中包含的国外进口中间品价值，E_{ir}表示 r 国 i 产业的出口额。我们可以利用前面 Wang 等(2013)的双边贸易增加值分解方法，计算中国制造业部门全球价值链参与度指数。具体而言，构成 IV_{ir}的增加值部分主要包括：被进口国出口至第三国并被第三国生产国内最终需求吸收的中间产品出口的国内增加值；被进口国用于生产最终产品并出口至第三国的中间产品出口的国内增加值；被进口国用于生产中间产品并出口至第三国，最终

以最终产品进口返回第二国的中间出口的国内增加值。构成 FV_{ir} 的增加值部分即前面所述的垂直专业化部分，即本国出口产品中包含的国外增加值。

（二）中国制造业部门全球价值链参与度指数的计算结果

通过利用 Wang 等（2013）的双边出口增加值完全分解方法，我们结合世界投入产出数据库对中国制造业部门参与全球价值链分工的程度进行定量计算，得到 1995～2011 年包含各细分部门的全球价值链参与度指数的计算结果。从表 2－9 和表 2－10 中可以看出，1995 年全球价值链参与度指数较高的部门有焦炭、精炼石油及核燃料制造业，电气和光学设备制造业，基本金属和金属制品制造业等，其全球价值链参与度指数分别为 0.3302、0.3082 和 0.2788。到 2011 年，全球价值链参与度指数较高的部门有焦炭、精炼石油及核燃料制造业，基本金属和金属制品制造业，化学品和化工产品制造业，其全球价值链参与度指数分别为 0.4643、0.4191 和 0.3914。食品、饮料和烟草制造业，皮革、皮革制品和鞋类制造业，其他非金属矿产品以及资源回收业参与全球价值链分工的程度较低，这些部门多为供应本地市场最终需求的部门，中间产品的进出口规模较小，这也反映了各部门参与全球价值链分工程度的异质性特征。

表 2－9　1995～2003 年中国制造业部门全球价值链参与度指数

制造业部门名称＼年份	1995	1996	1997	1998	1999	2000	2001	2002	2003
食品、饮料和烟草	0.0933	0.0831	0.0834	0.0740	0.0774	0.0919	0.0912	0.0883	0.1040
纺织原料及纺织制品	0.2440	0.2294	0.2271	0.2292	0.2425	0.2746	0.2642	0.2666	0.2769
皮革、皮革制品和鞋类	0.2030	0.1797	0.1816	0.1699	0.1809	0.1959	0.1895	0.1906	0.1923
木材、木材产品和软木	0.2031	0.1731	0.1645	0.1518	0.1671	0.1853	0.1794	0.1913	0.2110
纸浆、纸张、印刷和出版	0.2268	0.2087	0.2085	0.2093	0.2273	0.2549	0.2470	0.2461	0.2599
焦炭、精炼石油及核燃料	0.3302	0.3463	0.3069	0.2741	0.3027	0.3817	0.3446	0.3440	0.3817
化学品和化工产品	0.2707	0.2857	0.3069	0.3080	0.3198	0.3509	0.3482	0.3537	0.3709

续表

年份 制造业部门名称	1995	1996	1997	1998	1999	2000	2001	2002	2003
橡胶和塑料制品	0.2772	0.2657	0.2702	0.2635	0.2777	0.3134	0.2992	0.2995	0.3202
其他非金属矿产品	0.1580	0.1542	0.1638	0.1519	0.1633	0.1843	0.1824	0.1923	0.2068
基本金属和金属制品	0.2788	0.2806	0.2922	0.3014	0.3063	0.3458	0.3414	0.3520	0.3769
机械电气产品	0.2065	0.1986	0.2096	0.1877	0.1958	0.2233	0.2165	0.2258	0.2476
电气和光学设备	0.3082	0.3022	0.3014	0.2912	0.3236	0.3701	0.3639	0.3776	0.4032
运输设备	0.2344	0.2336	0.2325	0.2304	0.2530	0.2806	0.2738	0.2744	0.2978
资源回收业	0.1663	0.1447	0.1364	0.1329	0.1403	0.1545	0.1414	0.1463	0.1637

资料来源：根据世界投入产出表计算得到。

表 2－10　2004～2011 年中国制造业部门全球价值链参与度指数

年份 制造业部门名称	2004	2005	2006	2007	2008	2009	2010	2011	变动率（%）
食品、饮料和烟草	0.1189	0.1191	0.1220	0.1249	0.1328	0.1122	0.1249	0.1275	36.7
纺织原料及纺织制品	0.2943	0.2866	0.2695	0.2465	0.2524	0.2265	0.2388	0.2468	1.2
皮革、皮革制品和鞋类	0.2130	0.2022	0.1934	0.1823	0.1756	0.1496	0.1610	0.1604	－21.0
木材、木材产品和软木	0.2385	0.2519	0.2607	0.2754	0.2660	0.2344	0.2593	0.2658	30.9
纸浆、纸张、印刷和出版	0.2769	0.2843	0.2991	0.3055	0.2973	0.2690	0.2868	0.2927	29.1
焦炭、精炼石油及核燃料	0.4146	0.4340	0.4568	0.4535	0.4816	0.4191	0.4461	0.4643	40.6
化学品和化工产品	0.3894	0.3922	0.4032	0.4020	0.4103	0.3600	0.3846	0.3914	44.6
橡胶和塑料制品	0.3523	0.3516	0.3562	0.3572	0.3500	0.3113	0.3391	0.3412	23.1
其他非金属矿产品	0.2297	0.2311	0.2329	0.2340	0.2346	0.2057	0.2251	0.2357	49.1
基本金属和金属制品	0.4126	0.4063	0.4194	0.4312	0.4302	0.3694	0.3986	0.4191	50.3
机械电气产品	0.2892	0.2952	0.2961	0.3020	0.2877	0.2567	0.2764	0.2937	42.2
电气和光学设备	0.4375	0.4317	0.4235	0.4146	0.3909	0.3533	0.3745	0.3693	19.8
运输设备	0.3512	0.3505	0.3501	0.3423	0.3371	0.3000	0.3206	0.3237	38.1
资源回收业	0.1878	0.2004	0.2126	0.2111	0.2107	0.2030	0.2230	0.2287	37.5

资料来源：根据世界投入产出表计算得到。

由图2－8可知，除皮革、皮革制品和鞋类部门以外，其他所有制造业部门2011年的全球价值链参与度都比1995年的参与度高。例如，其他非金属矿产品制造业的全球价值链参与度指数在此期间提高了49.1%，基本金属和金属制品业的全球价值链参与度指数提高了50.3%，化学品和化工产品提高了44.6%，机械电气产品提高了42.2%，表明这些部门积极融入全球价值链分工，从国外进口了大量的中间产品用于出口，也通过中间产品出口的形式向其他国家提供原材料和零部件，参与全球价值链分工的程度日益提高。

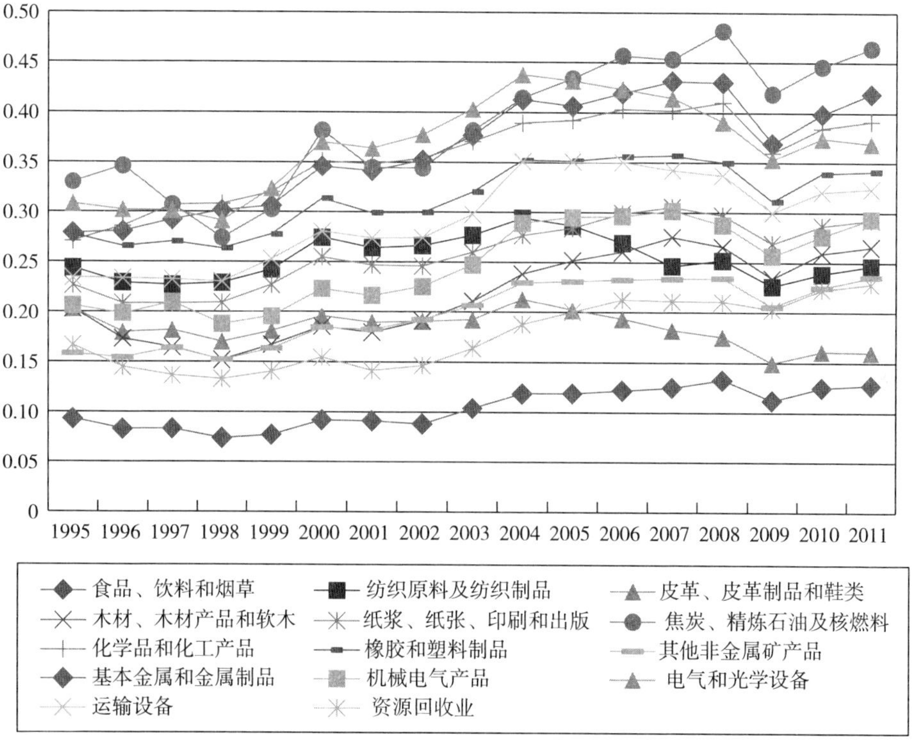

图2－8　中国制造业各部门全球价值链参与度指数的变动趋势

资料来源：根据世界投入产出表计算得到。

四、基于世界投入产出表的制造业全球价值链分工地位指数构建与测算

（一）基于世界投入产出表的中国制造业全球价值链分工地位指数构建

为了衡量一国或部门在全球价值链分工中的地位，Koopman 等（2010）提出了所谓的全球价值链分工地位指数。该指数是一国某产业向其他国家出口的中间产品所包含的国内增加值的对数值，与该产业出口品中使用的进口中间品的国外增加值的对数值之差。Koopman 等（2010）认为，如果一国处于某产业全球价值链的“上游”环节，例如创意、研发、设计、零部件生产供应等，它会通过向其他国家提供中间品的方式参与全球价值链生产。对于这样的国家，其间接出口的增加值 IV_{ir} 占总出口 E_{ir} 的比例可能会高于出口中的国外增加值 FV_{ir} 占总出口 E_{ir} 的比例。相反，如果一国某部门处于全球价值链的下游，例如处于最终产品的组装环节，则会使用大量来自别国的中间品来生产最终产品，此时 IV_{ir} 会小于 FV_{ir}。因此，全球价值链分工地位指数的数值越大，表明一国某产业在全球价值链上所处的国际分工地位就越高；该指数越小，则表明该产业在全球价值链上所处的国际分工地位就越低。为了方便计算，具体的计算公式可以表示为：

$$GVC\_Position_{ir} = \ln\left(1 + \frac{IV_{ir}}{E_{ir}}\right) - \ln\left(1 + \frac{FV_{ir}}{E_{ir}}\right) \tag{2-21}$$

其中，$GVC\_Position_{ir}$ 代表 r 国 i 产业在 GVC 国际分工中的地位；IV_{ir} 表示 r 国 i 产业间接增加值出口，衡量的是有多少增加值被包含在 r 国 i 产业的中间品出口中，经一国加工后又出口给第三国；FV_{ir} 则表示 r 国 i 产业出

口产品中包含的国外增加值，即 r 国 i 产业出口产品中包含的国外进口中间品价值，E_{ir}表示 r 国 i 产业的出口额。

（二）中国制造业部门全球价值链分工地位指数的计算结果

与计算全球价值链参与度指数的方法相同，我们通过利用 Wang 等（2013）的双边出口增加值完全分解方法，结合世界投入产出数据库，得到 1995～2011 年包含各细分部门的全球价值链分工地位指数的计算结果。我们从表 2－11 和表 2－12 可以看到，大部分制造业部门的全球价值链分工地位指数都不高，很多年份甚至为负值，说明制造业部门的全球价值链地位还有很大的提升空间。1995 年，电气和光学设备制造业的全球价值链分工地位指数仅为－0.0912，到 2011 年，该部门的全球价值链分工地位指数为－0.1386，相比 1995 年下降了 52%；再比如基本金属和金属制品制造业，1995 年的全球价值链分工地位指数为－0.0082，到 2011 年这一指数降至－0.0557，相比 1995 年的水平下降了 574.5%。当然，也有一些制造业部门的全球价值链分工地位指数在 1995～2011 年得到提升，例如纺织原料及纺织制品，皮革、皮革制品和鞋类，木材、木材产品和软木等制造业，其全球价值链分工地位指数在此期间分别提高了 74.7%、22.9%和 57.5%，说明这些部门提高了对国外提供的中间产品的国内增加值，向国外提供中间产品的能力得到加强，全球价值链分工地位得到提升。

表 2－11　1995～2003 年中国制造业部门全球价值链分工地位指数

制造业部门名称＼年份	1995	1996	1997	1998	1999	2000	2001	2002	2003
食品、饮料和烟草	－0.0671	－0.0533	－0.0529	－0.0448	－0.0485	－0.0610	－0.0527	－0.0599	－0.0749
纺织原料及纺织制品	－0.0795	－0.0594	－0.0579	－0.0383	－0.0522	－0.0542	－0.0502	－0.0579	－0.0618
皮革、皮革制品和鞋类	－0.1404	－0.1144	－0.1062	－0.0973	－0.1089	－0.1316	－0.1251	－0.1342	－0.1447
木材、木材产品和软木	－0.0944	－0.0663	－0.0543	－0.0444	－0.0565	－0.0666	－0.0501	－0.0542	－0.0671
纸浆、纸张、印刷和出版	－0.0415	－0.0298	－0.0305	－0.0110	－0.0159	－0.0154	－0.0001	－0.0122	－0.0349
焦炭、精炼石油及核燃料	－0.0446	－0.0149	－0.0541	0.0036	－0.0140	－0.1440	－0.0829	－0.0856	－0.1370

续表

制造业部门名称＼年份	1995	1996	1997	1998	1999	2000	2001	2002	2003
化学品和化工产品	-0.0136	0.0185	0.0288	0.0551	0.0428	0.0207	0.0404	0.0265	-0.0048
橡胶和塑料制品	-0.0525	-0.0411	-0.0460	-0.0236	-0.0310	-0.0317	-0.0200	-0.0360	-0.0645
其他非金属矿产品	-0.0473	-0.0332	-0.0351	-0.0210	-0.0288	-0.0410	-0.0318	-0.0383	-0.0574
基本金属和金属制品	-0.0082	0.0142	0.0192	0.0571	0.0474	0.0412	0.0455	0.0373	0.0078
机械电气产品	-0.0690	-0.0488	-0.0614	-0.0431	-0.0563	-0.0719	-0.0733	-0.0902	-0.1212
电气和光学设备	-0.0912	-0.0694	-0.0676	-0.0556	-0.0708	-0.0908	-0.0886	-0.1185	-0.1637
运输设备	-0.0663	-0.0404	-0.0600	-0.0132	-0.0101	-0.0164	-0.0148	-0.0310	-0.0732
资源回收业	-0.1191	-0.0957	-0.0891	-0.0715	-0.0826	-0.0961	-0.0911	-0.0979	-0.1055

资料来源：根据世界投入产出表计算得到。

表 2-12　2004~2011 年中国制造业部门全球价值链分工地位指数

制造业部门名称＼年份	2004	2005	2006	2007	2008	2009	2010	2011	变动率（%）
食品、饮料和烟草	-0.0902	-0.0887	-0.0883	-0.0827	-0.0816	-0.0671	-0.0798	-0.0823	-22.7
纺织原料及纺织制品	-0.0738	-0.0609	-0.0577	-0.0581	-0.0305	-0.0103	-0.0235	-0.0201	74.7
皮革、皮革制品和鞋类	-0.1580	-0.1440	-0.1333	-0.1237	-0.1191	-0.0957	-0.1117	-0.1083	22.9
木材、木材产品和软木	-0.0740	-0.0683	-0.0626	-0.0511	-0.0287	-0.0163	-0.0273	-0.0401	57.5
纸浆、纸张、印刷和出版	-0.0598	-0.0544	-0.0526	-0.0515	-0.0360	-0.0239	-0.0366	-0.0439	-6.0
焦炭、精炼石油及核燃料	-0.1601	-0.1772	-0.2193	-0.1823	-0.2206	-0.1430	-0.1995	-0.2526	-466.2
化学品和化工产品	-0.0381	-0.0449	-0.0464	-0.0311	-0.0205	0.0020	-0.0180	-0.0364	-168.6
橡胶和塑料制品	-0.0898	-0.0987	-0.0960	-0.0833	-0.0664	-0.0468	-0.0581	-0.0695	-32.3
其他非金属矿产品	-0.0745	-0.0771	-0.0818	-0.0756	-0.0639	-0.0484	-0.0608	-0.0706	-49.4
基本金属和金属制品	-0.0188	-0.0396	-0.0181	-0.0223	-0.0224	-0.0245	-0.0444	-0.0557	-574.9
机械电气产品	-0.1652	-0.1562	-0.1465	-0.1385	-0.1025	-0.0864	-0.0994	-0.1163	-68.6
电气和光学设备	-0.1986	-0.2062	-0.1908	-0.1813	-0.1517	-0.1218	-0.1397	-0.1386	-52.0
运输设备	-0.0987	-0.0944	-0.0950	-0.0911	-0.0537	-0.0472	-0.0599	-0.0772	-16.5
资源回收业	-0.1114	-0.0967	-0.0782	-0.0756	-0.0569	-0.0277	-0.0355	-0.0404	66.1

资料来源：根据世界投入产出表计算得到。

由图 2-9 可知，在不同时期，制造业各部门的全球价值链分工地位指数呈现不同的变动趋势，即具有一定的波动性。具体来看，1995~1998 年，很多制造业部门的分工地位指数呈增长态势，比较有代表性的是化学品和化工产品制造业部门。然而到了 1998～2000 年，一些部门的全球价值链分工地位指数出现下滑情况，可能与东南亚金融危机有关，中间产品贸易出现萎缩。2000～2001 年，很多制造业部门的全球价值链分工地位指数又出现一定程度的回升态势，但接下来在 2001～2005 年又出现了再次下滑。值得注意的是，在 2005～2009 年，中国制造业各部门的全球价值链分工地位指数增长较快，制造业的全球价值链分工地位不断提升，而美国次贷危机引发的全球经济衰退以及欧洲主权债务危机导致 2009～2011 年中国制造业部门的全球价值链分工地位指数又呈现下降趋势。当然，中国国内制造业部门的发展情况也会影响制造业全球价值链分工地位指数的变动，随着 2001 年中国加入 WTO，制造业部门的比较优势不断释放，国内生产加工能力不断增强，中国制造业向国外出口的中间产品和零部件日益增多，也在一定程度上提升了制造业部门的全球价值链分工地位。

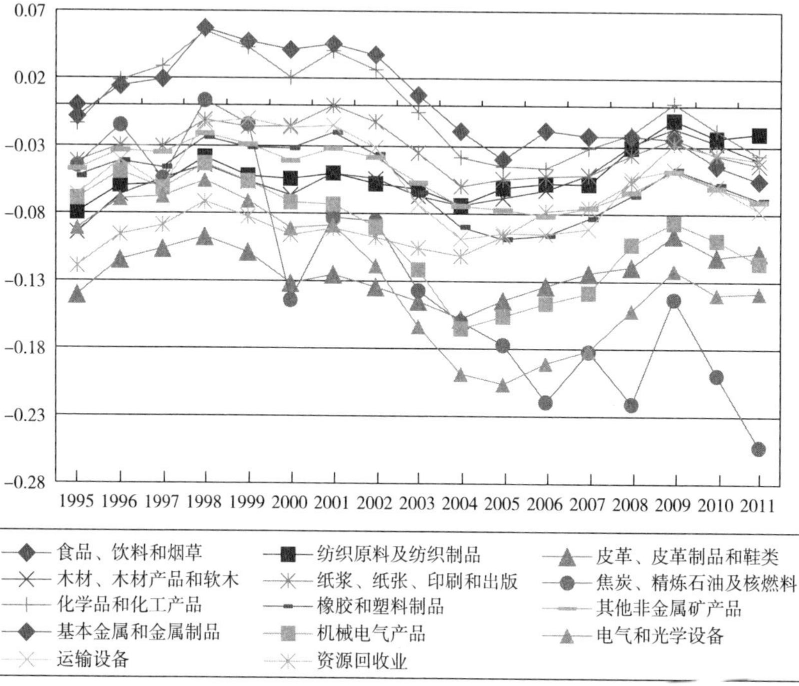

图 2－9　中国制造业部门全球价值链分工地位指数变动趋势

资料来源：根据世界投入产出表计算得到。

第三章

全球价值链长度统计指标的理论内涵与测度方法

一、全球价值链长度的内涵和国内外研究现状

（一）全球价值链长度的内涵和国外研究进展

近年来，全球价值链分工已经深刻改变制造业部门的生产模式，不同国家和地区的多家企业分别从事同一产品不同生产阶段的生产，由此引发大量的多次跨境的中间产品贸易。国内外学者对全球价值链分工与贸易进行了较为系统的理论和实证研究，一些文献从产品增加值视角对一国或部门出口产品的国内外增加值进行测算和分解，衡量了一国或部门参与全球价值链分工的程度和水平。例如，周升起等（2014）利用 OECD 和 WTO 联合开发的 TiVA 数据库测算了 1995～2009 年中国制造业各部门的全球价值链地位指数，发现中国制造业各部门在全球价值链中的分工地位仍处于较低水平。樊茂清和黄薇（2014）根据国家间投入产出模型，分析了中国制造业等部门在全球价值链中的地位及其演进过程，并对中国进出口贸易进行了产品分解和比较研究，发现中国对全球价值链增加值的贡献逐年增

加，并逐步向全球价值链高端攀升。王岚（2014）利用世界投入产出表对中国制造业各行业的国际分工地位进行了测度，发现 2000 ~ 2008 年制造业出口中的国内增加值比例下降明显，但在 2008 年之后，这种下降趋势得到扭转。卫瑞等（2015）同样基于世界投入产出数据库，采用 MRIO 模型测算了 1995 ~ 2009 年中国增加值出口的变动趋势，并分析了增加值出口的各类影响因素。尹伟华（2016）利用世界投入产出表数据，按出口产品的最终吸收地和吸收渠道对中国制造业产品的全球价值链进行了分解，发现 1995 ~ 2011 年中国制造业出口的国内增加值比例呈下降趋势，且是以最终产品出口为主，表明中国制造业在全球价值链中所处的位置不高，但制造业出口中返回增加值的比例日益上升，意味着中国制造业正向全球价值链中上游攀升。上述文献主要利用投入产出技术，基于世界投入产出表计算了中国制造业出口产品的国内外增加值规模和比例，发现制造业出口产品的国内增加值比例总体呈现下降趋势，表明中国参与全球价值链分工的程度正在不断深化，但制造业在全球价值链中的分工地位还有较大的提升空间。但这些文献在定量分析一国或部门的全球价值链长度方面尚存不足，而准确衡量一国或部门的全球价值链长度对于判定该国或部门在全球价值链分工中的真实地位和制定相关经贸政策都具有重要的理论和实践意义。

另一些文献通过借鉴投入产出文献中的相关研究方法（Dietzenbacher, 2007），从产品的垂直生产结构角度构建了全球价值链长度系列指标，定量测算了一国或部门在全球价值链中的具体位置。Fally（2011）首次利用投入产出技术，将价值链长度指数定义为产品在生产过程中所经历的生产阶段数目，生产阶段数目越多，表明产品的价值链越长，生产的复杂程度越高。Fally（2011）用此指标分析了 1949 ~ 2002 年美国各部门产品生产价值链长度的演化特征及其决定因素。该方法的优点在于只需利用部门层面数据就可反映出部门内部企业在生产过程中的垂直联系，而且测算出来的产品全球价值链长度具有稳健性，不会因为行业分类过于粗略或细致而产生偏误。另外，他还提出另一种衡量产品价值链长度的指标，即产品到达最终需求之前所经历的生产阶段数目，这与 Antras 等（2012）构建的上游度指数在本质上是相同的，该指数值越大，表明该部门产品距离最终需求越远，越处于价值链的上游位置。Antras 等（2012）运用上游度指数考察了 2002 年美国及其他国家相关部门在产品价值链上的位置变动，分析了影响出口上游度指标的国家特征因素，并发现出口上游度指标对贸易流量具有不可忽视的影响。上述两篇文献初步奠定了测度一国或部门产品全球价值链长度的方法论基础。此后，Fally 和 Russell（2013）进一步通过构建多生产阶段的一般均衡模型将之前提出的单个国家的价值链长度指标拓展至多国情形，并考察了东亚各国在全球价值链分工中的具体位置。Antras 等（2013）对 Fally（2011）的价值链长度指数进行了完善，构建了下游度指数，并利用美国投入产出表对所构建的下游度指数进行了测算分析。Backer 和 Miroudot（2013）首次利用 OECD 的国家间投入产出表而不是单独国家的投入产出表分析了相关国家产品的全球价值链长度的变动特征，对食品、化工产品、电子产品等部门的全球价值链长度和上游度进行了案例研究。Miller 和 Temurshoev（2013）基于欧盟委员会资助编制的世界投入产出表，通过构建和计算产出上游度指数和投入下游度指数，分析了世界总体以及有关国家和部门在全球价值链中的地位及其发展趋势，并对相关影响因素进行了实证分析。

（二）中国制造业部门全球价值链长度的相关研究

从全球价值链长度的视角研究中国制造业部门在全球价值链中的确切位置的文献也日益增多。Ju（2015）采用 Antras 等（2012）的方法，结合中国投入产出表对各部门的上游度水平进行了估计，发现机械及电子产品等制造业部门居于全球价值链的中游位置。苏庆义和高凌云（2015）利用世界投入产出表提出了出口上游度的测算方法，发现中国目前的出口上游度水平依然较高，未来需向下游扩展。何祚宇和代谦（2016）发现中国各部门自 2000 年以来一直处于全球价值链的上游部分，同时还有进一步上游化的趋势。陈晓华和刘慧（2016）通过计算上游度指数，发现 1997 ~

2011年中国制造业上游度呈现一定的增长趋势，但2008年后则有下降趋势。倪红福等（2016）认为中国制造业产品的全球价值链长度具有阶段性变化的特征，加入WTO后，制造业产品的全球价值链长度迅速增加，尤其是价值链的国外部分长度显著变长。上述文献主要利用世界投入产出数据库计算和分析了中国制造业部门产品的全球价值链长度或上游度及其变动特点，为定量研究中国制造业在全球价值链中的地位提供了较有价值的研究视角和分析结论。

近20年来，中国制造业部门的全球价值链长度如何？各部门的全球价值链变长了吗？上游度提高了吗？我们首先介绍Fally和Russell（2013）的全球价值链长度计算方法，然后利用世界投入产出表对1995～2011年中国制造业部门产品的全球价值链长度和上游度进行测算。同时，我们也采用Wang等（2017b）对全球价值链长度的定义方法，从增加值分解的角度研究中国制造业部门全球价值链长度以及各类不同增加值的价值链长度变动情况。

二、基于Fally等(2013)的全球价值链长度指数定义与测度方法

（一）全球价值链长度指数的定义和计算方法

根据Fally和Russell（2013）的定义，全球价值链长度指数是一种计算一国某部门产品在生产过程中所经历的生产阶段数目的指标，具体而言，m国产品i的全球价值链长度指数可表示为

$$N_{im} = 1 + \sum_{jn} \mu_{jnim} N_{jn} \tag{3-1}$$

其中，N_{im}和N_{jn}分别表示m国产品i和n国产品j的全球价值链长度指

数，即在各自生产过程中所经历的生产阶段的数目，μ_{jnim}表示生产 m 国 1 单位价值的产品 i 所需要投入的 n 国产品 j 的价值。该指数值可以看作产品 i 生产过程中所经历的生产阶段数目的加权平均值，其中的权数就是各生产阶段所贡献的增加值。对于每一个国家每一种部门产品，均有这样一个方程，因此可以求解出此线性方程组的唯一解。

从全球价值链长度指数的定义可以看出，如果在最终产品的生产过程中只有一个生产阶段，则该指数值取 1；如果在最终产品的生产过程中需要投入本部门或国内外其他部门的中间投入品，则该指数值大于 1。这取决于中间投入品在最终产品生产过程中的重要程度，以及在生产这些中间投入品的过程中需要经历的生产阶段数目。全球价值链长度指数值越大，表明该部门参与全球价值链分工越深入，生产过程越复杂。经过简单的矩阵代数推导，可以得出

$$N = u + A'N \tag{3-2}$$

其中，N 表示各国各部门产品的全球价值链长度列向量，u 表示单位列向量，A'是直接消耗系数矩阵的转置。因为两个矩阵相等，所以可以对 $N = u + A'N$ 的等式两边同时进行转置，可以得到

$$N' = u' + (A'N)' \tag{3-3}$$

进一步根据转置的运算法则，可以推出

$$N' = u' + N'A \tag{3-4}$$

然后移项合并，易得全球价值链长度指数的具体计算公式

$$N' = u'(I - A)^{-1} \tag{3-5}$$

其中，N'表示各国各部门产品的全球价值链长度的行向量，u'表示单位行向量，I 为单位矩阵，A 为世界投入产出系数矩阵，即直接消耗系数矩阵，$(I-A)^{-1}$为世界列昂惕夫逆矩阵。我们可以利用世界投入产出表对世界各国各部门产品的全球价值链长度进行计算。

当然，全球价值链长度指数也存在一定局限性，例如，该指数并没有完全反映当前全球价值链生产的各种复杂情况。根据 Baldwin 和 Venables（2010）的研究，全球价值链的生产结构可大致分成“蛇形”（Snakes）和

"蛛形"（Spiders）两种模式，"蛇形"模式是指产品的生产被分割成从上游到下游的国内外多个环节，各个环节依次生产并提供相应的增加值，从而形成一种"蛇形"的序贯生产模式，垂直专业化分工多采取这种生产模式。"蛛形"模式是指产品的部件分别在国内外多个地区完成生产，然后通过某种协调机制，在某地区完成各部件的加工组装，进而形成最终产品，这是一种开展水平分工常用的生产模式，以加工组装环节为核心，各部件生产环节与之相连，组装中心形成蜘蛛的躯干，而各部件的生产环节如同蜘蛛的四肢。全球价值链长度指数只考虑代表垂直分工结构的"蛇形"模式，而没有涵盖水平分工的"蛛形"模式。但尽管存在一些缺憾，Fally 和 Russell（2013）提出的全球价值链长度指数还是能够用来分析一国或部门参与全球价值链分工的程度和位置特点，特别是可以在一定程度上度量产品生产阶段的复杂程度，因此是一种有用的全球价值链衡量指标。

（二）上游度指数的定义和计算方法

与全球价值链长度指数类似，Fally 和 Russell（2013）还定义了另一种全球价值链长度指标，即产品到达最终需求之前所经历的生产阶段数目，这与 Antras 等（2012）构建的上游度指数在本质上是相同的。上游度指数是指一国某部门产品在到达最终需求之前还需要经历的生产阶段的数目，可用来衡量该部门产品在全球价值链分工中的位置，定义 m 国产品 i 的上游度指数为

$$D_{im} = 1 + \sum_{jn} \varphi_{imjn} D_{jn} \tag{3-6}$$

其中，D_{im}和 D_{jn}分别表示 m 国的产品 i 和 n 国的产品 j 的上游度指数，φ_{imjn}表示 m 国的产品 i 作为中间投入品销售到 n 国的部门 j 的价值在产品 i 产出价值中的比例，即

$$\varphi_{imjn} = \mu_{imjn} Y_{jn} / Y_{im} \tag{3-7}$$

其中，μ_{imjn}表示 n 国生产 1 单位价值的产品 j 所需投入的 m 国产品 i 的

价值，Y_{im}和Y_{jn}分别表示m国的产品i和n国的产品j的总产出价值。但以上计算公式没有考虑存货调整问题，因为投入产出表中的直接消耗系数矩阵没有对投入品进行当期生产和往期生产的区分，中间投入品可能来自上一期的存货，而不是当期新生产的产品。考虑到这个问题，我们借鉴 Antras 等(2012)的做法，对φ_{imjn}的计算公式进行存货调整，以便使计算结果更为准确，调整后的公式如下

$$\varphi_{imjn}^{inv}=\frac{\mu_{imjn}Y_{jn}+S_{imjn}}{Y_{im}} \tag{3-8}$$

其中，φ_{imjn}^{inv}表示经过存货调整之后的产出系数，S_{imjn}表示n国的部门j对m国产品i的净存货变动。如果S_{imjn}为正数，则表明n国的部门j增加对m国产品i的存货投资；如果S_{imjn}为负数，则表明n国的部门j减少对m国产品i的存货投资。但是，投入产出表中没有S_{imjn}的数据，我们借鉴 Antras 等(2012)的做法，假定

$$S_{imjn}=\varphi_{imjn}^{inv}S_{im} \tag{3-9}$$

其中，S_{im}是m国部门i总的净存货变动，即假设m国i产品中被n国j部门所采购的产出比例等于n国j部门对m国i产品的净存货变动在产品i总的净存货变动中的比例。我们将$S_{imjn}=\varphi_{imjn}^{inv}S_{im}$代入前面的表达式，整理得到

$$\varphi_{imjn}^{inv}=\mu_{imjn}Y_{jn}/(Y_{im}-S_{im}) \tag{3-10}$$

进而式（3-8）也变为

$$D_{im}=1+\sum_{jn}\varphi_{imjn}^{inv}D_{jn} \tag{3-11}$$

同样，对于每个产品都有这样一个方程，容易求出这个线性方程组的唯一解。

根据上述定义，如果某产品被直接用作最终消费，那么该产品的上游度就是1；如果该产品的部分产出被其他部门用作中间投入品，那么上游度的值就大于1，具体数值依赖于该产品被用于中间投入品的比例以及该产品的下游部门距离最终需求的生产阶段的数目。如果这一指数值提高，即表明该部门现在更加专业化生产和提供中间产品，在全球价值链的位置

得到提升；如果该数值降低，则表明该部门更加专业化于全球价值链的下游部分，距离最终需求的长度缩小，产品更加接近于最终消费者。

经过简单的矩阵代数推导，我们可以得到产品上游度指数的具体计算公式。将定义式 $D_{im} = 1 + \sum_{jn} \varphi_{imjn}^{inv} D_{jn}$ 写成向量形式，即

$$D = u + GD \tag{3-12}$$

其中，D 表示各部门上游度列向量，u 为单位列向量，G 表示元素为 φ_{imjn}^{inv} 的方阵，我们对 $D = u + GD$ 进行移项合并，即可得到

$$D = (I - G)^{-1} u \tag{3-13}$$

需要指出的是，上游度指数也是一种衡量产品全球价值链长度的方法，只不过现在是用产品与最终需求者（例如消费者）之间的距离来衡量产品全球价值链的长度；而前面提到的全球价值链长度指标则从各种初级要素的提供者（例如提供劳动力的消费者）到最终产品完成之间的距离来定义产品的全球价值链长度。可以证明，如果从加总的国家层面来看，这两种方法计算出来的全球价值链长度是相等的，当然，从单个部门产品层面来看，由于投入产出表中各部门产品的使用结构和产品生产的要素投入结构通常是不对称的，所以这两个指标计算出来的全球价值链长度一般是不相等的。

与 Antras 等（2012）使用单独国家的投入产出表不同，本书计算中国制造业各部门产品的全球价值链长度和上游度的数据来自于欧盟委员会资助编制的世界投入产出表和 OECD 和 WTO 联合编制的国家间投入产出表。这两种投入产出表前面已有介绍，利用世界投入产出表，可以真正从全球视角考察各国各部门产品的全球价值链，衡量各国各部门参与全球价值链分工的程度和所处的位置，也是计算中国制造业部门产品全球价值链长度和上游度的合适数据来源。与单个国家的投入产出表不同，世界投入产出表全面描绘了世界各国各部门之间的投入产出关系，如果从全球的视角来看，世界投入产出表就如同一国封闭条件下的投入产出表，因此，在计算上游度指标时，我们不需要对部门的进出口贸易进行调整，只需对各部门产出进行净存货变动调整。另外，OECD 和 WTO 编制的国家间投入产出表

所涵盖的国家与部门数量更多，而且对中国和墨西哥的加工贸易进行特别关注，有助于从贸易方式异质性的视角，计算中国制造业部门产品在不同贸易方式下的全球价值链长度和上游度，往往能够揭示出更多的制造业部门全球价值链的异质性特征。

三、基于Wang等(2017)的增加值生产长度指数定义与测度方法

Fally 和 Russell（2013）为计算全球价值链长度提供了基础方法，但该方法仍然存在两个问题：第一，没有从增加值角度构建和计算全球价值链长度或上游度指标。全球价值链长度指标本质上反映的是一国某部门产品的增加值被吸收到另一国相关部门最终产品中所经历的平均生产阶段数目，衡量了增加值与最终产品之间的距离，因而从增加值角度计算全球价值链长度更为科学。第二，只是计算某类产品整体的全球价值链长度，并没有对产品国内增加值的各个组成部分的生产长度进行测算和分析。目前，对一国某部门产品的增加值进行完全分解的方法已较为完善，例如 Wang 等（2017a）根据增加值跨境次数的不同，将一国某部门产品的国内增加值分解为用于满足国内最终需求的国内增加值、用于满足国外最终需求的国内增加值，以及与简单全球价值链分工和复杂全球价值链分工相关的国内增加值。Wang 等（2017b）在产品增加值分解的基础上推导了一国某部门产品各类国内增加值的生产长度计算公式，并从宏观视角研究了整个世界和部分国家代表性部门产品的各类增加值生产长度问题。虽然该文献没有具体研究中国制造业各部门产品各类国内增加值的生产长度，但是为系统测算中国制造业产品各类国内增加值的全球价值链长度提供了合适的方法。由于 Wang 等（2017b）将产品的全球价值链长度定义为增加值

的平均生产长度，衡量了一国某部门产品的增加值被吸收到另一国相关部门最终产品中所经历的平均生产阶段数目，也就是说，衡量了增加值与最终产品之间的距离，而且可以通过产品增加值的完全分解方法，计算不同增加值部分的生产长度。因此，我们也借鉴他们这种全球价值链长度的测算方法，对中国制造业部门总体和各类不同增加值部分的全球价值链长度进行测算。下面，我们首先介绍基于前向关联的产品国内增加值分解方法，然后再推导各部分增加值的生产长度。

（一）基于前向关联的产品国内增加值分解方法

借鉴 Wang 等（2017a）的方法，假设整个世界有 G 个国家或经济体，每个国家或经济体有 N 个部门，根据投入产出理论，世界投入产出表的行平衡条件可以写成

$$X = AX + Y = A^D X + Y^D + A^F X + Y^F = A^D X + Y^D + E \qquad (3-14)$$

其中，A^D 是 $GN \times GN$ 的国内投入系数矩阵，A^F 是 $GN \times GN$ 的进口投入系数矩阵，Y 是 $GN \times 1$ 的最终产品产出向量，Y^D 是 $GN \times 1$ 的用于国内需求的最终产品产出向量，$Y^F = Y - Y^D$ 是 $GN \times 1$ 的最终产品出口向量，E 表示 $GN \times 1$ 的总出口向量。对式(3－14)重新整理可得

$$X = (I - A^D)^{-1} Y^D + (I - A^D)^{-1} E = LY^D + LE = LY^D + LY^F + LA^F X \qquad (3-15)$$

其中，$L = (I - A^D)^{-1}$ 为局部列昂惕夫逆矩阵。我们进一步用 $GN \times GN$ 的直接增加值系数对角矩阵左乘 X，同时将 X 写成 BY，B 为总体列昂惕夫逆矩阵，将最终产品产出向量 Y^D、Y^F 和 Y 写成 $GN \times GN$ 的对角矩阵 $\hat{Y}^D$、$\hat{Y}^F$ 和 $\hat{Y}$，从而实现对国内增加值 $\hat{V}B\hat{Y}$的分解

$$\hat{V}B\hat{Y} = \hat{V}L\hat{Y}^D + \hat{V}L\hat{Y}^F + \hat{V}LA^F B\hat{Y} = \hat{V}L\hat{Y}^D + \hat{V}L\hat{Y}^F + \hat{V}LA^F L\hat{Y}^D + \hat{V}LA^F (B\hat{Y} - L\hat{Y}^D) \qquad (3-16)$$

式（3－16）中，第一个等号右边第一项 $\hat{V}L\hat{Y}^D$ 衡量用于满足国内生产和消费需求且在国内迂回的国内增加值，这一部分国内增加值用于满足国内的最终需求，属于国内生产活动。第二项 $\hat{V}L\hat{Y}^F$ 表示最终产品出口所蕴含的国内增加值，这一部分国内增加值虽然用于满足国外最终需求，但最

终产品的生产都在出口国国内完成，并没有产生跨国生产活动，因此也属于国内生产的范畴。该项实质上与传统的李嘉图式最终产品出口贸易类似，例如葡萄牙生产葡萄酒并出口到英国，用于满足英国消费者的最终需求。第三项 $\hat{V}LA^F B\hat{Y}$表示中间产品出口所蕴含的国内增加值，因为这些出口的中间产品不是被用来直接消费，而是用于生产最终产品，因此，这一部分国内增加值与全球价值链分工和中间产品贸易密切相关，属于跨国生产活动的范畴。根据国内增加值的跨境次数，可以将第三项进一步分解为两部分，一部分是与简单全球价值链分工相关的国内增加值 $\hat{V}LA^F L\hat{Y}^D$，另一部分是与复杂全球价值链分工相关的国内增加值 $\hat{V}LA^F(B\hat{Y}-L\hat{Y}^D)$。简单全球价值链分工活动是指中间产品中的国内增加值被用于生产目的而跨越国境一次，即中间产品中蕴含的国内增加值被直接进口国用于生产该进口国国内的最终产品，最终消费地点也在直接进口国，没有发生经由第三国间接出口或者被出口国复进口用于生产最终产品的活动。例如，中国向美国出口钢铁中间产品，其中的国内增加值也随钢铁中间产品跨越国境来到美国，并被美国的建筑企业用来建造房屋，满足美国国内消费者的最终需求。复杂全球价值链分工活动是指中间产品出口中的国内增加值被贸易伙伴国用来生产向其他国家出口的中间产品或最终产品，因此，国内增加值至少有两次跨境生产。例如，日本工程师贡献的增加值先随电子芯片出口到中国，然后又在中国用于玩具生产并随玩具出口到美国，最后用于满足美国消费者的最终需求。

（二）各类国内增加值的生产长度计算方法

本部分所指的全球价值链长度即增加值的生产长度，是指某部门产品的国内增加值在融合到其他部门最终产品的过程中被记作产出的平均次数。借鉴 Wang 等（2017b）的计算方法，将每个生产阶段的增加值生产长度作为权数，对所有生产阶段的产出进行加总，得到由增加值引发的总产出为

$$\begin{aligned}\hat{V}\hat{Y}+2\hat{V}A\hat{Y}+3\hat{V}AA\hat{Y}+\cdots &= \hat{V}(I+2A+3AA+\cdots)\hat{Y} \\ &= \hat{V}(B+AB+AAB+\cdots)\hat{Y}=\hat{V}BB\hat{Y} \qquad (3-17)\end{aligned}$$

式（3-17）中左边第一项 $\hat{V}\hat{Y}$ 表示增加值作为初始投入被直接用于生产本部门的产品，因此，该增加值被记作产出的次数为1，权数即增加值生产长度也为1；第二项 $2\hat{V}\hat{A}\hat{Y}$ 表示增加值首先被用来生产中间产品，然后再作为中间投入用于另一部门最终产品的生产，因此增加值被记作产出的次数是2次，1次是在原部门，1次是在另一部门，增加值的生产长度也为2，由此导致的产出为 $2\hat{V}\hat{A}\hat{Y}$，其他项的含义依次类推。定义全球价值链长度

$$PLv = \hat{V}BB\hat{Y}/\hat{V}B\hat{Y} \tag{3-18}$$

即总产出与引发该总产出的增加值 $\hat{V}B\hat{Y}$ 的比值，衡量增加值被记作产出的平均次数或增加值在被最终产品吸收之前所经历的生产阶段数目。PLv 指数越大，表明产品的生产过程越复杂，产品分工程度越精细。

结合前面介绍的产品增加值分解方法，我们可以进一步计算中国制造业部门产品的各类国内增加值的生产长度。首先计算满足国内最终需求的国内增加值生产长度，参照式（3-18），容易得到用于满足国内最终需求的增加值 $\hat{V}L\hat{Y}^D$ 所引致的国内总产出为

$$\hat{V}\hat{Y}^D + 2\hat{V}A^D\hat{Y}^D + 3\hat{V}A^DA^D\hat{Y}^D + \cdots = \hat{V}(I-A^D)^{-1}(I-A^D)^{-1}\hat{Y}^D = \hat{V}LL\hat{Y}^D \tag{3-19}$$

其中，$(I-A^D)^{-1} = L$。与 PLv 类似，我们定义为满足国内最终需求的国内增加值的生产长度为

$$PLv\_\ D = \hat{V}LL\hat{Y}^D/\hat{V}L\hat{Y}^D \tag{3-20}$$

即国内总产出与相应的国内增加值之比。

同理，用于满足国外最终需求的国内增加值生产也完全在出口国国内进行，因此，该部分国内增加值 $\hat{V}L\hat{Y}^F$ 所引致的总产出为

$$\hat{V}\hat{Y}^F + 2\hat{V}A^D\hat{Y}^F + 3\hat{V}A^DA^D\hat{Y}^F + \cdots = \hat{V}(I-A^D)^{-1}(I-A^D)^{-1}\hat{Y}^F = \hat{V}LL\hat{Y}^F \tag{3-21}$$

进而得到用于满足国外最终需求的国内增加值生产长度

$$PLv\_\ RT = \hat{V}LL\hat{Y}^F/\hat{V}L\hat{Y}^F \tag{3-22}$$

与全球价值链分工相关的国内增加值与中间产品出口有关，而且存在

跨国生产活动，因此，需要将与全球价值链分工相关的国内增加值生产长度分解成国内和国外两部分，然后分别进行计算和加总。假设产品存在两个生产阶段，增加值首先在国内被生产出来，然后随中间产品出口到国外，在国外用于生产可供当地消费或出口的最终产品，由此产生的国内增加值为 $\hat{V}A^F\hat{Y}$。在整个生产过程中，由于国内增加值在国内和国外分别被记作1次产出，因此该增加值的国内生产长度为1，国外生产长度也是1，国内增加值所引发的总产出为 $2\hat{V}A^F\hat{Y}$。如果产品存在三个生产阶段，则一国产生的国内增加值可以蕴含在第三个生产阶段中的最终产品中并被任何目的国所消费，总的国内增加值可以写作 $\hat{V}A^DA^F\hat{Y}+\hat{V}A^FA\hat{Y}$。容易看出，国内生产长度分别为2和1，而国外生产长度分别为1和2。相应地，国内外总产出分别为 $2\hat{V}A^DA^F\hat{Y}+\hat{V}A^FA\hat{Y}$ 和 $\hat{V}A^DA^F\hat{Y}+2\hat{V}A^FA\hat{Y}$。以此类推，假设产品存在无穷多个生产阶段，则为生产用于出口的中间产品所产生的国内增加值为

$$\begin{aligned}VY\_GVC &= \hat{V}A^F\hat{Y}+\hat{V}A^DA^F\hat{Y}+\hat{V}A^FA\hat{Y}+\hat{V}A^DA^DA^F\hat{Y}+\hat{V}A^DA^FA\hat{Y}+\hat{V}A^FAA\hat{Y}+\cdots\\ &= \hat{V}LA^F\hat{Y}+\hat{V}LA^FA\hat{Y}+\hat{V}LA^FAA\hat{Y}+\cdots=\hat{V}LA^FB\hat{Y}=\hat{V}LA^FL\hat{Y}^D+\hat{V}LA^F\\ &\quad (B\hat{Y}-L\hat{Y}^D)\end{aligned} \tag{3-23}$$

相应地，使用每一生产阶段的国内生产长度作为权数，可以得到增加值引发的国内产出为

$$\begin{aligned}Xd\_GVC &= \hat{V}A^F\hat{Y}+2\hat{V}A^DA^F\hat{Y}+\hat{V}A^FA\hat{Y}+3\hat{V}A^DA^DA^F\hat{Y}+2\hat{V}A^DA^FA\hat{Y}+\\ &\quad \hat{V}A^FAA\hat{Y}+\cdots=\hat{V}LLA^FB\hat{Y}=\hat{V}LLA^FL\hat{Y}^D+\hat{V}LLA^F(B\hat{Y}-L\hat{Y}^D)\end{aligned} \tag{3-24}$$

因此，与全球价值链分工相关的国内增加值的平均国内生产长度为

$$PLvd\_GVC=\frac{Xd\_GVC}{VY\_GVC}=\frac{\hat{V}LLA^FB\hat{Y}}{\hat{V}LA^FB\hat{Y}} \tag{3-25}$$

更进一步，与简单全球价值链分工相关的国内增加值的平均国内生产长度为

$$PLvd\_GVC\_S=\frac{Xd\_GVC\_S}{VY\_GVC\_S}=\frac{\hat{V}LLA^FL\hat{Y}^D}{\hat{V}LA^FL\hat{Y}^D} \tag{3-26}$$

其中，Xd_GVC_S 为与简单全球价值链分工相关的国内增加值所引

起的国内总产出。

同理，与复杂全球价值链分工相关的国内增加值的平均国内生产长度为

$$PLvd\_GVC\_C = \frac{Xd\_GVC\_C}{VY\_GVC\_C} = \frac{\hat{V}LLA^{F}(B\hat{Y} - L\hat{Y}^{D})}{\hat{V}LA^{F}(B\hat{Y} - L\hat{Y}^{D})} \tag{3-27}$$

其中，Xd_GVC_C 为与复杂全球价值链分工相关的国内增加值所引起的国内总产出。

同理，与全球价值链分工相关的国内增加值所引发的国外总产出 Xi_GVC 为

$$\begin{aligned} Xi\_GVC &= \hat{V}A^{F}\hat{Y} + \hat{V}A^{D}A^{F}\hat{Y} + 2\hat{V}A^{F}A\hat{Y} + \cdots = \hat{V}LA^{F}BB\hat{Y} \\ &= \hat{V}LA^{F}LL\hat{Y}^{D} + \hat{V}LA^{F}(BB\hat{Y} - LL\hat{Y}^{D}) \end{aligned} \tag{3-28}$$

定义 $PLvi\_GVC$ 为与全球价值链生产相关的国内增加值的平均国外生产长度

$$PLvi\_GVC = \frac{Xi\_GVC}{VY\_GVC} = \frac{\hat{V}LA^{F}BB\hat{Y}}{\hat{V}LA^{F}B\hat{Y}} \tag{3-29}$$

更进一步，与简单的全球价值链分工相关的国内增加值的平均国外生产长度为

$$PLvi\_GVC\_S = \frac{Xi\_GVC\_S}{VY\_GVC\_S} = \frac{\hat{V}LA^{F}LL\hat{Y}^{D}}{\hat{V}LA^{F}L\hat{Y}^{D}} \tag{3-30}$$

其中，Xi_GVC_S 为与简单的全球价值链分工相关的国内增加值所引起的国外总产出。

同理，与复杂的全球价值链分工相关的国内增加值的平均国外生产长度为

$$PLvi\_GVC\_C = \frac{Xi\_GVC\_C}{VY\_GVC\_C} = \frac{\hat{V}LA^{F}(BB\hat{Y} - LL\hat{Y}^{D})}{\hat{V}LA^{F}(B\hat{Y} - L\hat{Y}^{D})} \tag{3-31}$$

其中，Xi_GVC_C 为与复杂的全球价值链分工相关的国内增加值所引起的国外总产出。

因此，与全球价值链分工相关的国内增加值平均长度 PLv_GVC 等于国内外平均长度之和

$$PLv\_GVC = PLvd\_GVC + PLvi\_GVC = \frac{Xd\_GVC}{VY\_GVC} + \frac{Xi\_GVC}{VY\_GVC} = \frac{X\_GVC}{VY\_GVC} \tag{3-32}$$

其中，X_GVC 衡量与全球价值链分工相关的国内增加值所产生的国内外总产出。

另外，与简单全球价值链分工和复杂的全球价值链分工相关的国内增加值的生产长度 PLv_GVC_S 和 PLv_GVC_C 可以分别由式（3－33）和式（3－34）给出

$$PLv\_GVC\_S = PLvd\_GVC\_S + PLvi\_GVC\_S = \frac{\hat{V}LLA^F L\hat{Y}^D}{\hat{V}LA^F L\hat{Y}^D} + \frac{\hat{V}LA^F LL\hat{Y}^D}{\hat{V}LA^F L\hat{Y}^D} \tag{3-33}$$

$$\begin{aligned} PLv\_GVC\_C &= PLvd\_GVC\_C + PLvi\_GVC\_C \\ &= \frac{\hat{V}LLA^F(B\hat{Y} - L\hat{Y}^D)}{\hat{V}LA^F(B\hat{Y} - L\hat{Y}^D)} + \frac{\hat{V}LA^F(BB\hat{Y} - LL\hat{Y}^D)}{\hat{V}LA^F(B\hat{Y} - L\hat{Y}^D)} \end{aligned} \tag{3-34}$$

利用上述计算公式，结合最新发布的世界投入产出表，可以对中国制造业部门产品的各类增加值生产长度进行测算。

第四章

中国制造业部门全球价值链长度指数的测算及分解

一、中国制造业部门全球价值链长度指数测算及分解

（一）中国制造业部门全球价值链长度指数的测算

我们利用全球价值链长度的计算公式，运用 Fally 和 Russell（2013）的方法，对 1995～2011 年中国制造业各部门产品全球价值链的长度进行计算。由表 4－1 和表 4－2 可知，1995 年制造业部门产品全球价值链的平均长度为 2.8482，到 2011 年已延长至 3.2328，说明各部门产品在生产制造过程中需要经历更多的生产阶段数目，投入更多种类的中间投入品，产品的全球价值链变长。关于制造业部门全球价值链变长的原因，我们认为主要是随着国内改革和对外开放的不断深入，中国制造业内部以及制造业与服务业、农业和矿业之间的联系在不断加强。同时，许多制造业部门也在积极参与全球价值链分工，最终产品中蕴含的国外中间投入品价值越来越多，这些都是导致产品全球价值链变长的原因。从全球价值链长度的水

平值来看，1995 年全球价值链较长的三个部门分别是运输设备制造业、基本金属和金属制品制造业、电气和光学设备制造业，其全球价值链长度分别为 3.0607、3.0440 和 3.0370，即这些部门产品的生产需要平均 3 个生产阶段才能完成。2011 年，全球价值链较长的三个部门分别是电气和光学设备制造业、运输设备制造业以及橡胶和塑料制品业，其全球价值链长度分别为 3.6295、3.5858 和 3.5139，说明这些产品的生产至少需要平均 3.5 个以上的生产阶段才能完成。1995 年，全球价值链较短的三个部门分别是食品、饮料和烟草制造业，焦炭、精炼石油及核燃料制造业，其他非金属矿产品制造业；2011 年，食品、饮料和烟草制造业，焦炭、精炼石油及核燃料制造业、资源回收业的全球价值链较短，这些部门产品的生产制造经历较少的阶段，从初级要素、原材料的提供到最终产品的完成所需距离较短。

表 4-1　1995~2003 年中国制造业部门全球价值链长度指数

制造业部门名称＼年份	1995	1996	1997	1998	1999	2000	2001	2002	2003
食品、饮料和烟草	2.5526	2.5624	2.5669	2.5542	2.5542	2.5499	2.5423	2.5260	2.5847
纺织原料及纺织制品	2.8886	2.8293	2.7339	2.8319	2.8319	2.8743	2.9236	2.9566	3.0497
皮革、皮革制品和鞋类	3.0038	3.0186	2.9924	3.0519	3.0519	3.0719	3.1068	3.1268	3.1650
木材、木材产品和软木	2.7288	2.7234	2.6970	2.7579	2.7579	2.7840	2.8154	2.8195	2.8970
纸浆、纸张、印刷和出版	2.7656	2.7521	2.7166	2.6865	2.6865	2.6709	2.6625	2.6348	2.7671
焦炭、精炼石油及核燃料	2.6814	2.7055	2.7165	2.7611	2.7611	2.6808	2.7594	2.7754	2.7844
化学品和化工产品	2.8032	2.8241	2.8231	2.8323	2.8323	2.8246	2.8425	2.8369	2.9334
橡胶和塑料制品	2.9634	2.9883	2.9868	2.9826	2.9826	2.9777	2.9814	2.9613	3.0900
其他非金属矿产品	2.7021	2.7290	2.7350	2.7165	2.7165	2.6896	2.6909	2.6671	2.7507
基本金属和金属制品	3.0440	3.0999	3.1340	3.0990	3.0990	3.0490	3.0393	2.9960	3.0770
机械电气产品	2.8643	2.8550	2.8108	2.8986	2.8986	2.9210	2.9618	2.9705	3.0626
电气和光学设备	3.0370	3.0771	3.0993	3.1173	3.1173	3.1132	3.1427	3.1217	3.2040
运输设备	3.0607	3.0893	3.0895	3.0992	3.0992	3.0889	3.1003	3.0880	3.2010
资源回收业	2.7786	2.7216	2.6315	2.6184	2.6184	2.6077	2.6067	2.5846	2.6434

资料来源：根据世界投入产出表计算得到。

表 4-2　2004~2011 年中国制造业部门全球价值链长度指数

制造业部门名称 \ 年份	2004	2005	2006	2007	2008	2009	2010	2011	变动率（%）
食品、饮料和烟草	2.6030	2.6768	2.7452	2.8038	2.8035	2.8057	2.8019	2.7988	9.65
纺织原料及纺织制品	3.0754	3.1738	3.2859	3.3775	3.4138	3.4398	3.4286	3.4264	18.62
皮革、皮革制品和鞋类	3.1323	3.1996	3.2823	3.3385	3.3617	3.3844	3.3715	3.3755	12.37
木材、木材产品和软木	2.9320	3.0229	3.1212	3.2049	3.2217	3.2186	3.2090	3.1979	17.19
纸浆、纸张、印刷和出版	2.8660	2.9988	3.1062	3.2156	3.2314	3.2277	3.2148	3.2050	15.89
焦炭、精炼石油及核燃料	2.7739	2.8000	2.7880	2.8741	2.8280	2.9357	2.8689	2.8138	4.94
化学品和化工产品	2.9850	3.0790	3.1551	3.2604	3.2577	3.2874	3.2571	3.2347	15.39
橡胶和塑料制品	3.1659	3.2883	3.4036	3.5193	3.5407	3.5519	3.5275	3.5139	18.58
其他非金属矿产品	2.7931	2.8786	2.9546	3.0426	3.0434	3.0507	3.0285	3.0111	11.44
基本金属和金属制品	3.0938	3.1591	3.2510	3.3239	3.3101	3.3397	3.2953	3.2617	7.15
机械电气产品	3.0827	3.1727	3.2797	3.3669	3.4051	3.4106	3.3907	3.3616	17.36
电气和光学设备	3.2333	3.3255	3.4600	3.5592	3.6175	3.6466	3.6185	3.6295	19.51
运输设备	3.2411	3.3565	3.4712	3.5889	3.6203	3.6172	3.6011	3.5858	17.16
资源回收业	2.6618	2.7228	2.7899	2.8460	2.8598	2.8636	2.8507	2.8433	2.33

资料来源：根据世界投入产出表计算得到。

由图 4-1 可知，所有制造业部门的全球价值链长度均呈增长态势，特别是 2001 年中国加入 WTO 以后，各部门的增长趋势非常明显。从增长幅度来看，1995~2011 年中国的电气和光学设备制造业产品的全球价值链长度增加了 19.51%，纺织原料及纺织制品业增长了 18.62%，橡胶和塑料制品业提高了 18.58%，制造业各部门全球价值链长度平均增加 13.4%。当然，全球价值链长度也随着时间的变化而波动，例如纸浆、纸张、印刷和出版业，资源回收业，食品、饮料和烟草制造业，其他非金属矿产品的全球价值链长度增长均在 2002 年出现趋势改变，从之前的下降趋势转为上升趋势。

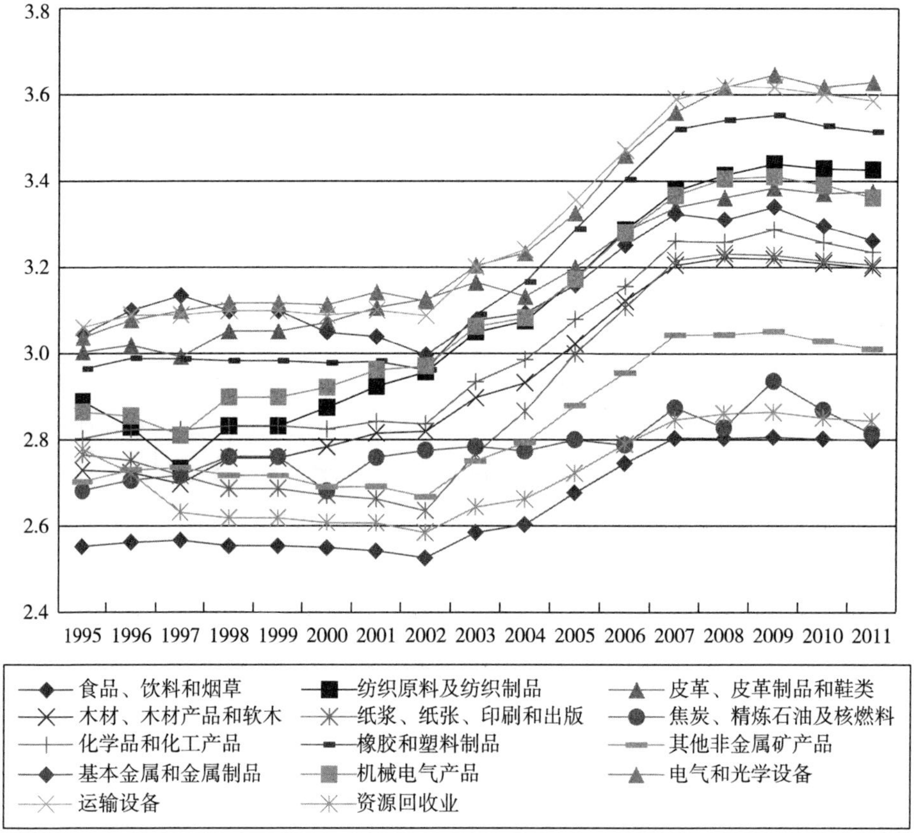

图 4-1 中国制造业部门全球价值链长度指数变动趋势

资料来源：根据世界投入产出表计算得到。

分析这一阶段全球价值链长度变动的原因，我们认为主要是 2001 年中国加入世界贸易组织，制造业很多部门积极参与国际市场竞争，快速融入各自产品的全球价值链分工和贸易网络，产品在生产过程中日益投入较多的进口中间投入品，同时国内各部门之间的投入产出关系也日益密切，国内中间投入品贸易增多，从而导致产品的全球价值链变长。

从图 4-1 中也可以发现，中国制造业部门产品的全球价值链在 2009 ~ 2011 年出现长度缩短的现象，例如焦炭、精炼石油及核燃料部门产品的全球价值链在 2009～2011 年缩短了 4.15%，基本金属和金属制品部门产品的全球价值链缩短了 2.34%。其背后的原因可能与全球经济衰退有关，这段时期的各国经济衰退导致国外中间投入品的供给能力下降；但也有可能是中国国内的中间投入品贸易出现变动导致的。因此，我们需要对制造业产品的全球价值链进行分解，将其分成国内部分和国外部分，然后分别考察这两部分的长度变化情况，从而找出产品全球价值链长度变化的原因。

（二）中国制造业部门全球价值链长度指数的国内外分解

1. 中国制造业部门全球价值链的国内长度指数

由于世界投入产出表提供各国各部门详细的中间投入品信息，我们可以很容易完成中国制造业各部门产品全球价值链的国内外分解。表 4－3 和表 4－4 首先列出了制造业部门产品全球价值链的国内部分长度。我们发现，除焦炭、精炼石油和核燃料制造业部门以外，其他所有制造业部门产品的全球价值链国内部分长度均在 1995～2009 年呈增长态势，而在 2009～2011 年出现下滑，与前面的全球价值链总长度的下滑趋势基本一致。从绝对值水平来看，2011 年全球价值链国内部分较长的部门主要有纺织原料及纺织制品业，运输设备制造业，皮革、皮革制品和鞋类制造业；全球价值链国内部分较短的部门主要有焦炭、精炼石油及核燃料制造业，资源回收业，食品、饮料和烟草制造业等部门。

表 4－3　1995～2003 年中国制造业部门全球价值链的国内长度指数

制造业部门名称＼年份	1995	1996	1997	1998	1999	2000	2001	2002	2003
食品、饮料和烟草	2.3671	2.4054	2.4073	2.4081	2.4081	2.3723	2.3754	2.3540	2.3777
纺织原料及纺织制品	2.4652	2.4585	2.3678	2.4552	2.4552	2.4478	2.5173	2.5384	2.6112
皮革、皮革制品和鞋类	2.5452	2.6335	2.6141	2.6759	2.6759	2.6396	2.6942	2.7031	2.7274
木材、木材产品和软木	2.3709	2.4398	2.4379	2.4959	2.4959	2.4851	2.5425	2.5270	2.5643
纸浆、纸张、印刷和出版	2.4373	2.4623	2.4231	2.3903	2.3903	2.3381	2.3587	2.3184	2.4016

续表

年份 制造业部门名称	1995	1996	1997	1998	1999	2000	2001	2002	2003
焦炭、精炼石油及核燃料	2. 2916	2. 3299	2. 3332	2. 4296	2. 4296	2. 1337	2. 3052	2. 3163	2. 2153
化学品和化工产品	2. 4541	2. 4971	2. 4782	2. 4911	2. 4911	2. 4162	2. 4593	2. 4296	2. 4597
橡胶和塑料制品	2. 5450	2. 6021	2. 5845	2. 5951	2. 5951	2. 5374	2. 5754	2. 5354	2. 5914
其他非金属矿产品	2. 4559	2. 5053	2. 4952	2. 4877	2. 4877	2. 4220	2. 4343	2. 3909	2. 4314
基本金属和金属制品	2. 6925	2. 7745	2. 7964	2. 7827	2. 7827	2. 6769	2. 6771	2. 6077	2. 6125
机械电气产品	2. 5189	2. 5463	2. 4682	2. 5833	2. 5833	2. 5469	2. 5917	2. 5646	2. 5800
电气和光学设备	2. 5091	2. 5877	2. 6134	2. 5924	2. 5924	2. 4810	2. 5158	2. 4277	2. 3917
运输设备	2. 6725	2. 7386	2. 7120	2. 7657	2. 7657	2. 7083	2. 7281	2. 6931	2. 7083
资源回收业	2. 4206	2. 4240	2. 3519	2. 3446	2. 3446	2. 2971	2. 3186	2. 2822	2. 3075

资料来源：根据世界投入产出表计算得到。

表 4-4　2004~2011 年中国制造业部门全球价值链国内长度指数

年份 制造业部门名称	2004	2005	2006	2007	2008	2009	2010	2011	变动率（%）
食品、饮料和烟草	2. 3613	2. 4358	2. 5022	2. 5625	2. 5553	2. 6002	2. 5704	2. 5635	9. 19
纺织原料及纺织制品	2. 5956	2. 7240	2. 8665	2. 9885	3. 0574	3. 1486	3. 1071	3. 1031	23. 71
皮革、皮革制品和鞋类	2. 6497	2. 7532	2. 8648	2. 9491	2. 9900	3. 0824	3. 0366	3. 0510	24. 35
木材、木材产品和软木	2. 5563	2. 6384	2. 7353	2. 8178	2. 8718	2. 9253	2. 8739	2. 8414	22. 19
纸浆、纸张、印刷和出版	2. 4442	2. 5743	2. 6650	2. 7644	2. 8131	2. 8698	2. 8189	2. 7960	13. 53
焦炭、精炼石油及核燃料	2. 1411	2. 1264	2. 0437	2. 1638	2. 0407	2. 3036	2. 1437	2. 0028	21. 50
化学品和化工产品	2. 4417	2. 5232	2. 5870	2. 7092	2. 7171	2. 8452	2. 7622	2. 7142	19. 53
橡胶和塑料制品	2. 5816	2. 6882	2. 8008	2. 9298	2. 9864	3. 0888	3. 0128	2. 9877	21. 41
其他非金属矿产品	2. 4235	2. 5057	2. 5735	2. 6648	2. 6860	2. 7502	2. 6921	2. 6528	12. 00
基本金属和金属制品	2. 5532	2. 6105	2. 7149	2. 7683	2. 7695	2. 8746	2. 7744	2. 7052	14. 28
机械电气产品	2. 4732	2. 5699	2. 6878	2. 7770	2. 8967	2. 9729	2. 9097	2. 8352	21. 58
电气和光学设备	2. 3026	2. 3859	2. 5571	2. 6832	2. 8311	2. 9818	2. 8889	2. 9214	27. 70
运输设备	2. 6281	2. 7504	2. 8609	2. 9962	3. 0924	3. 1568	3. 0927	3. 0526	19. 78
资源回收业	2. 2867	2. 3517	2. 4288	2. 4905	2. 5303	2. 5849	2. 5387	2. 5216	9. 20

资料来源：根据世界投入产出表计算得到。

由图4－2可知，很多部门的全球价值链国内部分长度也随着时间的推移呈现出波动态势，但在加入世贸组织之后，全球价值链国内部分的长度出现积极增长的趋势，反映出进一步的对外开放政策也促进国内各部门之间的生产合作日益频繁，国内中间产品贸易发展很快，由此导致很多部门产品的全球价值链国内部分变长。

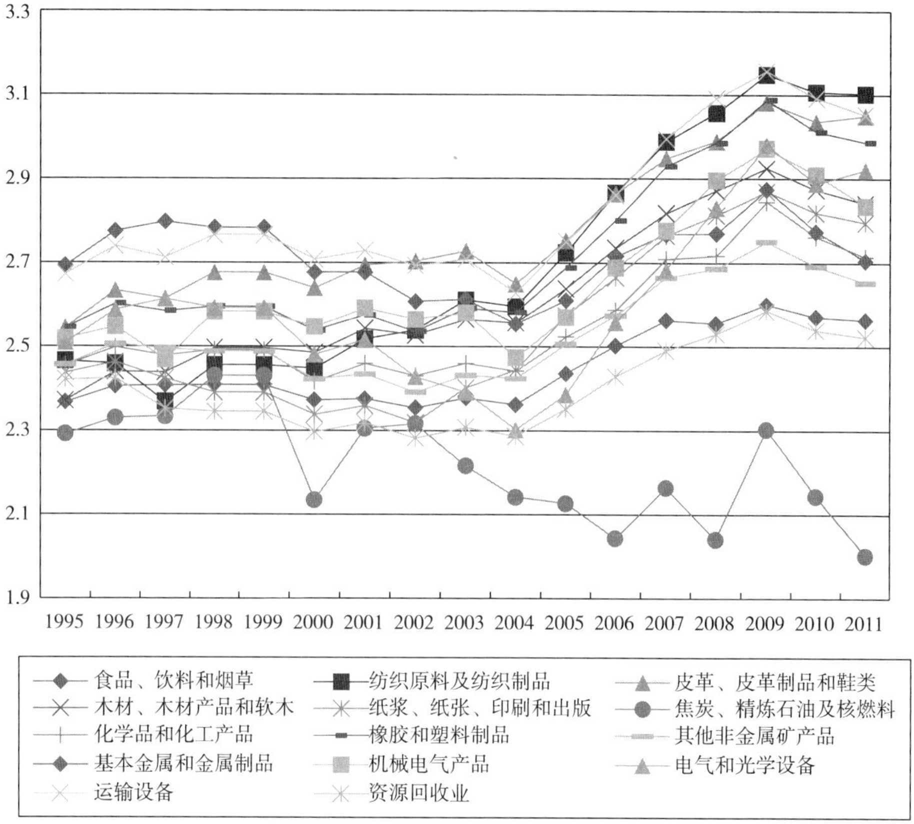

图4－2　中国制造业部门全球价值链国内长度指数变动趋势

资料来源：根据世界投入产出表计算得到。

2. 中国制造业部门全球价值链的国外长度指数

表4－5和表4－6列出了1995～2011年中国制造业部门产品全球价值

链的国外长度指数的计算结果，这一部分长度体现了制造业产品参与全球价值链分工的程度，如果该部分所占总长度的比例较高，则表明该部门产品生产的国际化程度较高。可以看出，除皮革、皮革制品和鞋类制造业，纺织原料及纺织制品业，资源回收业部门全球价值链的国外部分长度在这一时期出现下滑以外，其他部门产品全球价值链的国外部分长度均出现增长。从全球价值链国外部分长度的增加幅度来看，1995~2011 年增幅最大的是焦炭、精炼石油及核燃料制造业部门，增幅达 108.08%，显示出该部门对国外中间投入品的高度依赖；其次是基本金属和金属制品业部门，增长了 58.32%，反映出该部门对国外铁矿石、金属材料等中间投入品的大量需求。另外，机械电气产品、化学品和化工产品、其他非金属矿产品、运输设备、电气和光学设备等制造业的全球价值链国外部分长度也都增加了 30% 以上，这些部门也是参与全球价值链分工程度较高的部门，在最终产品生产过程中，投入了较多的国外中间投入品，从而导致其全球价值链的国外部分长度得到增加。

表 4-5　1995~2003 年中国制造业部门全球价值链的国外长度指数

制造业部门名称 \ 年份	1995	1996	1997	1998	1999	2000	2001	2002	2003
食品、饮料和烟草	0.1855	0.1569	0.1596	0.1461	0.1461	0.1776	0.1669	0.1720	0.2071
纺织原料及纺织制品	0.4234	0.3708	0.3661	0.3766	0.3766	0.4265	0.4062	0.4182	0.4385
皮革、皮革制品和鞋类	0.4587	0.3851	0.3783	0.3760	0.3760	0.4323	0.4126	0.4237	0.4377
木材、木材产品和软木	0.3579	0.2836	0.2592	0.2619	0.2619	0.2989	0.2728	0.2926	0.3326
纸浆、纸张、印刷和出版	0.3282	0.2899	0.2935	0.2961	0.2961	0.3328	0.3037	0.3164	0.3655
焦炭、精炼石油及核燃料	0.3898	0.3757	0.3833	0.3315	0.3315	0.5471	0.4542	0.4590	0.5691
化学品和化工产品	0.3491	0.3270	0.3449	0.3412	0.3412	0.4084	0.3831	0.4074	0.4737
橡胶和塑料制品	0.4184	0.3862	0.4023	0.3875	0.3875	0.4402	0.4060	0.4259	0.4986
其他非金属矿产品	0.2462	0.2237	0.2398	0.2289	0.2289	0.2677	0.2567	0.2762	0.3193
基本金属和金属制品	0.3515	0.3255	0.3376	0.3163	0.3163	0.3721	0.3622	0.3883	0.4645
机械电气产品	0.3454	0.3087	0.3426	0.3153	0.3153	0.3741	0.3700	0.4059	0.4826
电气和光学设备	0.5279	0.4894	0.4859	0.5249	0.5249	0.6323	0.6269	0.6941	0.8123
运输设备	0.3882	0.3507	0.3775	0.3335	0.3335	0.3806	0.3723	0.3948	0.4927
资源回收业	0.3581	0.2976	0.2797	0.2738	0.2738	0.3106	0.2882	0.3024	0.3360

资料来源：根据世界投入产出表计算得到。

表 4-6　2004～2011 年中国制造业部门全球价值链国外长度指数

制造业部门名称＼年份	2004	2005	2006	2007	2008	2009	2010	2011	变动率（%）
食品、饮料和烟草	0.2418	0.2410	0.2431	0.2412	0.2483	0.2055	0.2315	0.2354	26.90
纺织原料及纺织制品	0.4798	0.4498	0.4194	0.3890	0.3565	0.2912	0.3215	0.3233	-23.64
皮革、皮革制品和鞋类	0.4826	0.4464	0.4175	0.3894	0.3717	0.3020	0.3350	0.3245	-29.26
木材、木材产品和软木	0.3757	0.3844	0.3859	0.3870	0.3500	0.2933	0.3351	0.3565	-0.39
纸浆、纸张、印刷和出版	0.4218	0.4246	0.4413	0.4512	0.4183	0.3579	0.3960	0.4091	24.65
焦炭、精炼石油及核燃料	0.6328	0.6736	0.7443	0.7103	0.7873	0.6321	0.7253	0.8111	108.08
化学品和化工产品	0.5433	0.5558	0.5680	0.5512	0.5406	0.4422	0.4950	0.5205	49.10
橡胶和塑料制品	0.5844	0.6000	0.6029	0.5895	0.5543	0.4631	0.5147	0.5262	25.76
其他非金属矿产品	0.3695	0.3729	0.3811	0.3777	0.3575	0.3004	0.3364	0.3583	45.53
基本金属和金属制品	0.5406	0.5486	0.5361	0.5556	0.5406	0.4651	0.5209	0.5565	58.32
机械电气产品	0.6095	0.6028	0.5919	0.5899	0.5084	0.4378	0.4810	0.5264	52.40
电气和光学设备	0.9307	0.9396	0.9029	0.8761	0.7864	0.6649	0.7296	0.7081	34.14
运输设备	0.6130	0.6061	0.6103	0.5927	0.5279	0.4604	0.5084	0.5332	37.35
资源回收业	0.3751	0.3711	0.3612	0.3555	0.3294	0.2787	0.3120	0.3216	-10.19

资料来源：根据世界投入产出表计算得到。

值得注意的是，我们发现 1995～2011 年中国制造业部门产品全球价值链的国外部分长度的平均增长率要高于国内部分。由图 4-3 可知，制造业部门产品全球价值链的总长度和国内部分长度均在 2009～2011 年出现下降，而国外部分长度在此期间却保持增长态势，但其在 2005～2009 年特别是 2007～2009 年出现较大幅度的下滑，显示出全球价值链的国外部分长度对世界经济衰退的不利冲击反应得更加敏感而剧烈。

（三）中国制造业部门上游度指数的测算

我们计算了中国制造业部门的上游度水平，这是另一种全球价值链长度的表征指标，衡量了产品与最终消费者之间的距离，指数值越大，说明该部门距离最终需求越远，越处于价值链的上游。从表 4-7 和表 4-8 列出的1995～2011年中国制造业部门上游度的结果来看，大部分部门的上游度在此期间都得到提升，例如1995～2011年食品、饮料和烟草制造业的上游度提高了35.77%，纺织原料及纺织制品业的上游度提高了23.98%，木材、木材产品和软木制造业增加了23.33%，电气和光学设备制造业增加了19.53%，表明这些部门将制造出来的产品提供给越来越多的其他国内外部门作为中间投入品使用，从而使本部门日益成为中间产品的供应者，并向全球价值链的上游移动。从电气和光学设备制造业部门的上游度水平变动来看，该部门由改革开放之初从事最终产品加工组装转变为越来越专业化中间产品的生产和出口，因此，产品距离最终消费者的距离扩大，该部门在全球价值链上的位置得到提升。

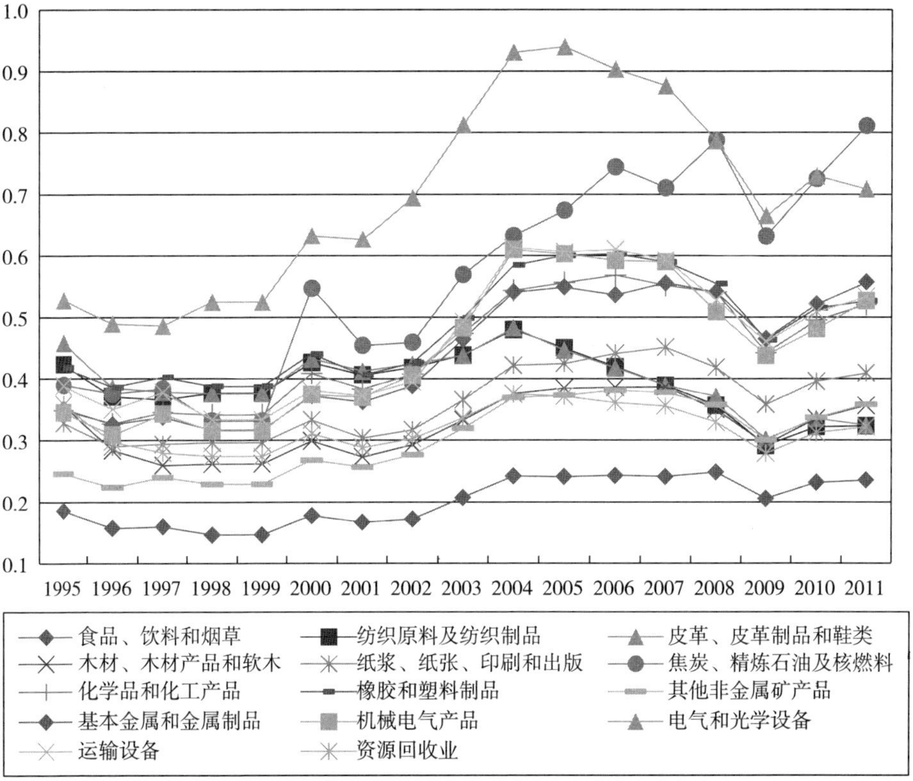

图4－3　中国制造业部门全球价值链国外长度指数变动趋势

资料来源：根据世界投入产出表计算得到。

表 4-7　1995~2003 年中国制造业部门的上游度指数

制造业部门名称＼年份	1995	1996	1997	1998	1999	2000	2001	2002	2003
食品、饮料和烟草	1.8689	1.9052	1.9145	1.9431	1.9180	1.8674	1.9075	1.9422	2.0852
纺织原料及纺织制品	2.3873	2.4596	2.4124	2.4648	2.4005	2.3188	2.3391	2.3136	2.3887
皮革、皮革制品和鞋类	2.0447	2.1584	2.1328	2.1529	2.0579	1.9082	1.9079	1.8505	1.9202
木材、木材产品和软木	2.9177	3.0084	3.0558	3.0859	3.0689	3.0411	3.0895	3.0492	3.1671
纸浆、纸张、印刷和出版	3.5243	3.5532	3.5819	3.5702	3.5316	3.4629	3.5096	3.5056	3.6143
焦炭、精炼石油及核燃料	3.6879	3.7174	3.7049	3.7514	3.7431	3.6795	3.7402	3.7427	3.8097
化学品和化工产品	3.4349	3.4840	3.4524	3.4732	3.4489	3.3966	3.4606	3.4786	3.5859
橡胶和塑料制品	3.2928	3.3734	3.3595	3.4443	3.4306	3.3868	3.4577	3.4438	3.4728
其他非金属矿产品	2.7166	2.7125	2.7059	2.7325	2.7186	2.6864	2.7182	2.7000	2.7138
基本金属和金属制品	3.4664	3.5078	3.5407	3.5517	3.5324	3.4901	3.5396	3.4964	3.5378
机械电气产品	2.6152	2.6562	2.4809	2.5851	2.5838	2.5679	2.6199	2.5886	2.6022
电气和光学设备	2.3789	2.4271	2.5078	2.5575	2.5584	2.5220	2.5907	2.5454	2.4881
运输设备	2.4584	2.4567	2.4215	2.5401	2.5269	2.5272	2.6577	2.6677	2.5423
资源回收业	2.3384	2.4511	2.4874	2.4449	2.3193	2.1416	2.0915	1.8770	1.9725

资料来源：根据世界投入产出表计算得到。

表 4-8　2004~2011 年中国制造业部门的上游度指数

制造业部门名称＼年份	2004	2005	2006	2007	2008	2009	2010	2011	变动率（%）
食品、饮料和烟草	2.1276	2.2747	2.4335	2.4961	2.5334	2.5799	2.5449	2.5373	35.77
纺织原料及纺织制品	2.3546	2.4434	2.5870	2.6430	2.8291	2.9729	2.9465	2.9598	23.98
皮革、皮革制品和鞋类	1.8245	1.9217	2.0958	2.1458	2.2272	2.3288	2.2907	2.3179	13.36
木材、木材产品和软木	3.2082	3.3293	3.5322	3.6533	3.6869	3.6219	3.6215	3.5985	23.33
纸浆、纸张、印刷和出版	3.6843	3.8455	3.9910	4.0988	4.1537	4.1698	4.1379	4.1211	16.94
焦炭、精炼石油及核燃料	3.8412	3.9495	4.0906	4.1962	4.2039	4.2219	4.1813	4.1489	12.50

续表

年份 / 制造业部门名称	2004	2005	2006	2007	2008	2009	2010	2011	变动率（%）
化学品和化工产品	3.5707	3.6861	3.8647	3.9655	4.0012	4.0323	3.9973	3.9952	16.31
橡胶和塑料制品	3.4055	3.4643	3.6365	3.7417	3.8205	3.8496	3.8185	3.7954	15.26
其他非金属矿产品	2.6836	2.6994	2.7432	2.7740	2.7561	2.6825	2.6718	2.6590	-2.12
基本金属和金属制品	3.4678	3.4956	3.6575	3.7571	3.7869	3.7164	3.7086	3.6822	6.22
机械电气产品	2.2476	2.3014	2.4812	2.6251	2.8239	2.6574	2.7115	2.5765	-1.48
电气和光学设备	2.4088	2.4173	2.5898	2.6667	2.7430	2.8189	2.7926	2.8434	19.53
运输设备	2.3874	2.4048	2.5193	2.6672	2.6740	2.5531	2.5853	2.6103	6.18
资源回收业	1.9120	1.8529	2.0760	2.0162	2.1153	2.1689	2.2617	2.2461	-3.95

资料来源：根据世界投入产出表计算得到。

我们发现，1995~2011年其他非金属矿产品、资源回收业、机械电气产品等制造业部门的上游度降低，说明这些部门向全球价值链的下游移动，从事较多的最终产品组装的环节。从上游度的绝对水平来看，焦炭、精炼石油及核燃料，纸浆、纸张、印刷和出版，化学品和化工产品等制造业部门的上游度水平较高，2011年分别达到4.1489、4.1211、3.9952，表明这些部门的产品要经过除本部门之外的3个生产阶段之后才能到达最终消费者，这些部门也是向很多其他部门提供中间投入品的部门。相反，资源回收业，皮革、皮革制品和鞋类，食品、饮料和烟草等制造业的上游度水平较低，2011年分别为2.2461、2.3179和2.5373，说明这些部门的产品在生产出来之后，只需要1个多生产阶段就可以到达最终消费者手中，实际上这些部门的产品作为中间投入向其他部门提供得较少，因此，产品与最终需求之间的距离较短。值得注意的是，从图4-4我们可以发现，与全球价值链长度指数类似，许多制造业部门的上游度水平在2009~2011年也呈现下降态势，可能是美国次贷危机所引发的全球经济衰退所导致的，说明上游度水平也会受到不利的外部冲击的影响而降低。

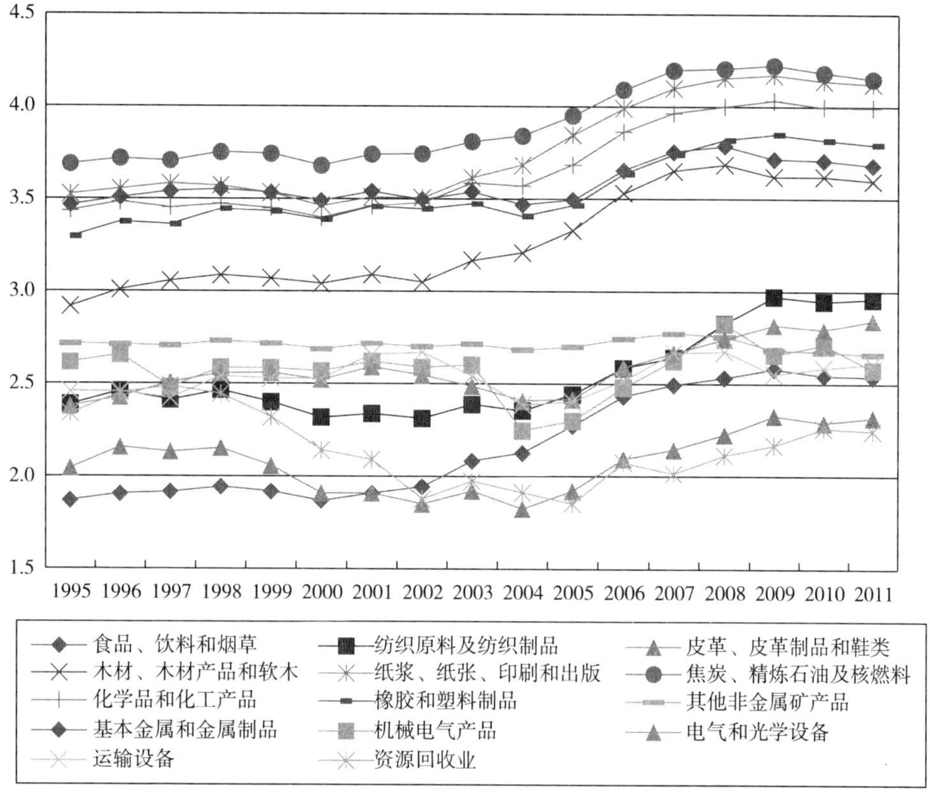

图 4－4　1995～2011 年中国制造业部门上游度指数的变动趋势

资料来源：根据世界投入产出表计算得到。

（四）不同贸易方式下中国制造业部门全球价值链长度和上游度指数测算

1. 不同贸易方式下中国制造业部门全球价值链长度指数测算

近 20 年来，随着通信技术的不断进步和运输成本的日益降低，全球价值链分工获得蓬勃发展，一国制造业最终产品的增加值来源可以追溯至多个生产效率和要素禀赋不同的国家和地区，许多产品的“世界制造”特征日益明显。中国通过积极参与这种全球价值链分工与贸易，已经成为世界制造业产品贸易第一大国。目前，衡量中国参与全球价值链分工程度和探讨中国制造业在全球价值链中的分工地位及其提升策略的文献较多，例如周升起等（2014）、樊茂清和黄薇（2014）、王岚（2015）、卫瑞等（2015）、尹伟华（2016）等，这些文献利用投入产出技术，基于世界投入产出表计算了中国制造业出口产品的国内外增加值规模和比例，发现近年来中国参与全球价值链分工的程度正在不断深化，制造业在全球价值链中的分工地位有所提升。但是，限于投入产出表的编制方式，以上文献在测算制造业出口产品国内增加值时没有很好地考虑不同贸易方式下中国制造业出口产品生产的差异性，通常假定制造业部门生产的出口产品均为同质性产品，在生产技术方面没有差别。实际上，中国制造业部门的加工贸易出口产品和非加工贸易出口产品（主要是一般贸易出口产品）在生产过程中存在较为明显的不同，例如加工贸易需要使用更多的国外原材料和中间产品，因此，不加区分地笼统计算制造业出口产品的国内增加值比例会降低衡量中国制造业部门参与全球价值链分工程度的准确性。

一些文献已经注意到因贸易方式不同而导致的中国制造业出口产品全球价值链的异质性问题，例如，Koopman 等（2008）通过构建区分加工贸易和非加工贸易的投入产出表，对 1997 年和 2002 年中国出口贸易的垂直专业化指数即出口贸易产品中的进口增加值比重进行测算，发现加工贸易出口产品的进口增加值比重要明显高于非加工贸易出口产品的进口增加值比重。Chen 等（2012）、祝坤福等（2013）通过构建区别不同贸易方式的中国非竞争型投入产出模型，测算了 2002 年和 2007 年中国出口的国内增加值，同样发现加工贸易出口产品的国内增加值率低于非加工贸易出口的国内增加值率。Tang 等（2014）利用全国经济普查得到的企业信息和海关数据，对传统的中国投入产出表进行了拆分，得到区分企业类型和企业规模的非竞争型中国投入产出表，并对中国各类企业的国内价值链进行分析。上述文献较好地研究了不同贸易方式下中国制造业出口产品全球价值链存在的差异性，但是限于数据资源，其所构建的投入产出表所涉年份较为有限，无法从较长的时间跨度全面分析不同贸易方式下中国制造业各部门产品全球价值链的异质性。另外，已有文献没有对中国制造业部门生产的国内使用产品的全球价值链进行系统分析，这类国内使用产品虽然在国内被消费和使用，但其在生产过程中也会使用来自国外的中间投入品，从广义上讲也是参与全球价值链分工与贸易的一种方式，因此有必要对国内使用产品和出口贸易产品的全球价值链进行系统的比较分析，以丰富我们对各类产品参与全球价值链分工的认识。

基于贸易方式的不同，中国制造业部门内部存在三类不同产品的全球价值链，分别是制造业部门生产的国内使用产品的全球价值链、加工贸易出口产品的全球价值链和非加工贸易出口产品的全球价值链。这三类全球价值链虽然都从属于制造业部门，但在增加值构成、价值链长度以及上游度水平等方面存在较大差异。我们在已有文献的研究基础之上，从国内贸易、加工贸易和非加工贸易三个角度，对不同贸易方式下中国制造业各部门产品的三类全球价值链进行详细分解，计算各类产品的全球价值链长度和上游度水平，比较分析各类全球价值链的异质性特征，从而为更好地研究中国制造业参与全球价值链分工和相关政策制定提供理论参考。中国制造业各部门在不同贸易方式下生产的同类制造业产品的全球价值链长度有无差异性？我们借鉴 Fally 和 Russell（2013）的方法，利用 OECD 国家间投入产出表对中国制造业各部门产品的全球价值链长度进行计算，结果如表 4 –9 所示。

表 4 –9　不同贸易方式下中国制造业产品平均的全球价值链长度

年份	国内使用产品的全球价值链长度	加工出口产品的全球价值链长度	非加工出口产品的全球价值链长度
1995	2. 9631	2. 7489	2. 7741
2000	3. 0622	2. 7612	2. 8738
2005	3. 2791	3. 0134	3. 0085
2008	3. 3997	3. 2080	3. 1497
2009	3. 4679	3. 1847	3. 2356
2010	3. 5284	3. 1831	3. 2064
2011	3. 4925	3. 1811	3. 1871

资料来源：根据 OECD 国家间投入产出表计算得到。

结合图 4 -5 可以看到，国内使用产品的平均全球价值链长度要明显大于加工贸易出口产品和非加工贸易出口产品的平均全球价值链长度。1995 年，中国制造业部门国内使用产品的生产平均需要 2. 9631 个生产阶段，而非加工贸易出口产品和加工贸易出口产品平均需要 2. 7741 个生产阶段和 2. 7489 个生产阶段；2011 年，国内使用产品的生产平均需要 3. 4925 个生产阶段，非加工贸易出口产品和加工贸易出口产品则平均需要 3. 1871 个生产阶段和 3. 1811 个生产阶段。从发展趋势来看，1995 ~2011 年三种采用不同贸易方式生产的产品全球价值链长度整体上都经历了上升的过程，三类产品的全球价值链长度增幅分别为 17. 87% 、14. 67% 和 15. 94% ，表明这三类产品所经历的生产阶段数目都有所提高。另外，我们可以发现非加工贸易出口产品的全球价值链长度除了在 2005 年和 2008 年小于加工贸易出口产品的全球价值链长度，在其余年份都要大于加工贸易出口产品的全球价值链长度。

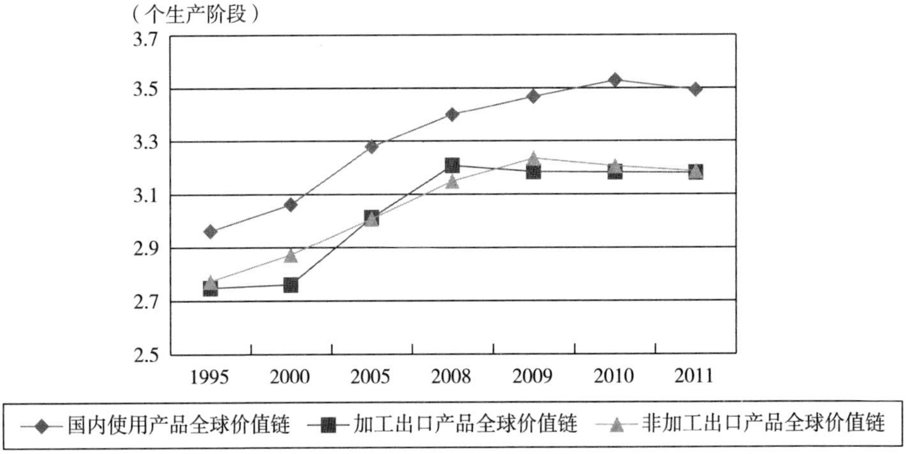

图 4 -5　不同贸易方式下中国制造业产品平均的全球价值链长度

资料来源：根据 OECD 国家间投入产出表计算得到。

利用 OECD 国家间投入产出表，我们对不同贸易方式下中国制造业产品的全球价值链长度进行国内部分和国外部分分解，表 4 -10 列出了制造业部门平均的全球价值链长度分解结果。可以发现，1995～2011年，各类产品的全球价值链的国内部分长度基本都要大于国外部分长度，特别是国内使用产品和非加工出口产品。

表4-10 不同贸易方式下中国制造业产品平均的全球价值链长度分解

年份	国内使用产品的全球价值链		加工出口产品的全球价值链		非加工出口产品的全球价值链	
	国内部分长度	国外部分长度	国内部分长度	国外部分长度	国内部分长度	国外部分长度
1995	2.8009	0.1622	1.0122	1.7367	2.4286	0.3455
2000	2.8427	0.2195	1.0841	1.6771	2.4823	0.3915
2005	2.9411	0.3380	1.6220	1.3914	2.4862	0.5223
2008	3.0632	0.3365	2.0519	1.1561	2.6186	0.5311
2009	3.1692	0.2987	2.0242	1.1605	2.7603	0.4753
2010	3.1926	0.3358	2.0267	1.1564	2.6835	0.5229
2011	3.1476	0.3449	1.9818	1.1993	2.6588	0.5283
增幅	0.1238	1.1264	0.9579	-0.3094	0.0948	0.5291

资料来源：根据OECD国家间投入产出表计算得到。

根据图4-6、图4-7和图4-8，首先从全球价值链长度的绝对值水平来看，加工贸易出口产品全球价值链的国外部分最长，表明该类产品参与全球价值链分工的程度最高，国内使用产品全球价值链的国内部分最长，表明该类产品参与全球价值链分工的程度较低。非加工贸易出口产品的全球价值链长度介于国内使用产品的全球价值链长度和加工贸易出口产品的全球价值链长度之间。例如，非加工贸易出口产品的全球价值链国内长度要高于加工贸易出口产品的全球价值链国内长度，但是低于国内使用产品的全球价值链国内长度。非加工贸易出口产品的国外长度也是同样的情况，在此不再赘述。值得注意的是，从增长幅度来看，1995～2011年国内使用产品全球价值链的国外部分长度增幅最高，达到112.63%，说明此类产品的生产正积极参与全球价值链分工。而加工出口产品全球价值链的国外部分长度在1995～2011年则出现30.94%的下滑，非加工出口产品全球价值链的国外部分长度则增长了52.9%。

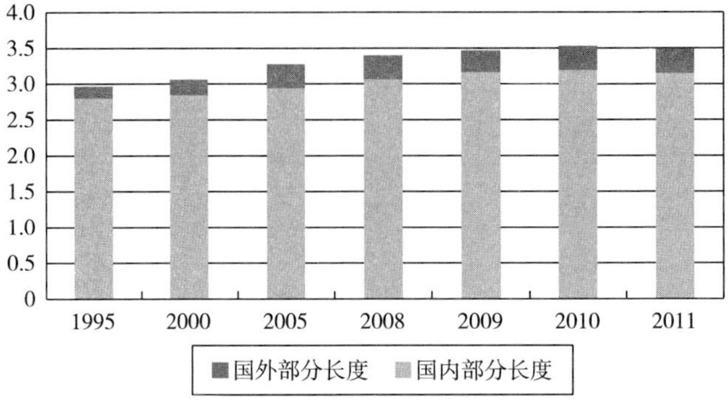

图 4－6 国内使用产品全球价值链长度的国内外分解

资料来源：根据 OECD 国家间投入产出表计算得到。

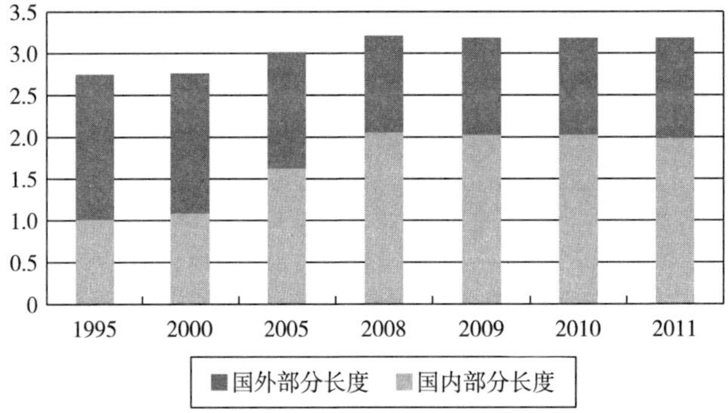

图 4－7 加工贸易出口产品全球价值链长度的国内外分解

资料来源：根据 OECD 国家间投入产出表计算得到。

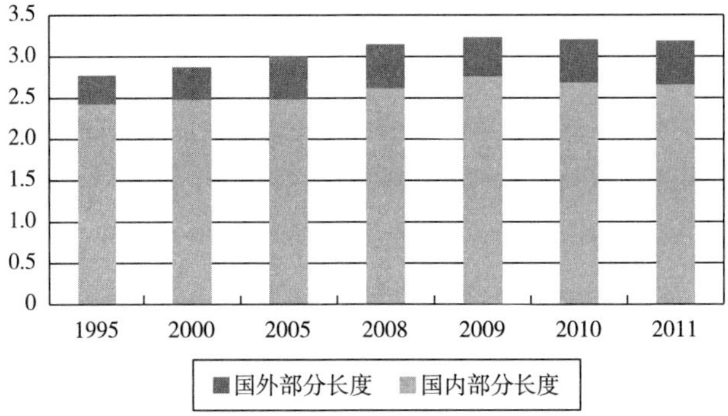

图 4－8 非加工贸易出口产品全球价值链长度的国内外分解

资料来源：根据 OECD 国家间投入产出表计算得到。

关于国内部分的增长幅度，我们发现加工出口产品全球价值链的国内部分长度增幅最大，达到95.79%，这说明加工出口产品在生产制造过程中开始使用越来越多的国内原材料和中间投入品，提升了国内生产环节的增加值水平，这与前面测算的加工贸易出口产品的国内增加值增长较快的结果相吻合。国内使用产品和非加工贸易出口产品全球价值链的国内部分在1995～2011年分别增长了12.38%和9.48%。

表4－11列出了不同贸易方式下中国制造业各细分部门产品全球价值链长度的计算结果，可以看出，1995年全球价值链最长的产品是国内使用的其他运输设备，全球价值链长度指数达到3.2643；其次是国内使用的纺织、纺织品、皮革和鞋类，为3.2512；最后是国内使用的机动车、拖车和半拖车，为3.2295。全球价值链最短的部门是非加工出口的其他非金属矿产品，其次是加工出口的其他非金属矿产品，最后是非加工出口的食品、饮料和烟草，这三类产品的全球价值链长度分别为2.3330、2.2664和2.2756。2011年，全球价值链最长的部门是国内使用的机动车、拖车和半拖车，达到4.1666；其次是国内使用的计算机、电子和光学设备，达到3.9775；最后是国内使用的电力机械和设备，达到3.9612。全球价值链最短的部门是国内使用的其他制造业和回收业，其次是非加工出口的焦炭、精炼石油产品和核燃料，最后是非加工出口的其他非金属矿产品，这三类产品的全球价值链长度分别为2.3481、2.6324和2.7657。通过分析我们发现，同一部门不同贸易方式下的产品全球价值链长度各不相同，例如，2011年的机械和设备产品，其中国内使用产品的全球价值链长度为3.6748，非加工贸易出口产品的全球价值链长度为3.3553，而加工贸易出口产品的全球价值链长度最短，为3.2703。

表4－11　不同贸易方式下中国制造业各细分部门产品的全球价值链长度

部门名称	贸易方式	1995年	2000年	2005年	2008年	2009年	2010年	2011年
食品、饮料和烟草	DOM	2.4204	2.5820	2.7040	2.8813	2.9722	3.0493	3.0306
	PRO	2.5846	2.6149	2.7727	2.9221	2.9556	2.9775	2.9888
	NPR	2.2756	2.4485	2.5717	2.7585	2.8438	2.8846	2.8781

续表

部门名称	贸易方式	1995 年	2000 年	2005 年	2008 年	2009 年	2010 年	2011 年
纺织、纺织品、皮革和鞋类	DOM	3. 2512	3. 0741	3. 2913	3. 4160	3. 4735	3. 5499	3. 5076
	PRO	2. 8646	2. 7540	3. 0271	3. 2240	3. 2088	3. 2139	3. 2516
	NPR	3. 0918	2. 8777	3. 0577	3. 2097	3. 2668	3. 2844	3. 2702
木材和木制品	DOM	2. 9359	3. 1376	3. 2656	3. 3345	3. 4154	3. 4634	3. 4039
	PRO	2. 5530	2. 6782	2. 8736	3. 0576	3. 0632	3. 0676	3. 0545
	NPR	2. 7194	2. 8600	3. 0262	3. 1064	3. 1839	3. 1825	3. 1467
纸浆、造纸、纸制品和印刷	DOM	3. 0809	2. 9810	3. 2482	3. 3644	3. 4237	3. 4868	3. 4572
	PRO	2. 8563	2. 7975	3. 0226	3. 2278	3. 1703	3. 1937	3. 1978
	NPR	3. 0015	2. 9576	3. 0494	3. 1823	3. 2108	3. 2041	3. 1958
焦炭、精炼石油产品和核燃料	DOM	2. 8757	2. 7731	2. 9190	2. 9481	3. 0531	3. 0466	2. 9997
	PRO	2. 7992	2. 5151	2. 7232	2. 8727	2. 9766	2. 9664	2. 8917
	NPR	2. 7217	2. 5836	2. 6299	2. 6032	2. 7745	2. 6938	2. 6324
化工和化学品	DOM	2. 7837	2. 9274	2. 9558	3. 0878	3. 2970	3. 4040	3. 3530
	PRO	2. 8309	2. 8674	3. 0096	3. 1757	3. 2214	3. 2792	3. 2679
	NPR	2. 8278	2. 9566	2. 9581	3. 0535	3. 2499	3. 2993	3. 2633
橡胶和塑料制品	DOM	3. 0655	3. 2229	3. 6242	3. 7868	3. 8356	3. 8777	3. 8565
	PRO	2. 5726	2. 6342	3. 0442	3. 3114	3. 2510	3. 2407	3. 2530
	NPR	2. 4603	2. 6582	3. 0172	3. 2570	3. 2832	3. 2250	3. 2128
其他非金属矿产品	DOM	2. 7444	2. 8569	3. 1017	3. 2703	3. 3191	3. 3370	3. 2795
	PRO	2. 2664	2. 2928	2. 5931	2. 8685	2. 8488	2. 8349	2. 7988
	NPR	2. 2330	2. 3547	2. 5925	2. 8009	2. 8845	2. 8243	2. 7657
基本金属	DOM	3. 0281	3. 3936	3. 5325	3. 6760	3. 7289	3. 7585	3. 7205
	PRO	2. 8973	3. 0258	3. 2601	3. 4949	3. 4102	3. 4164	3. 4147
	NPR	2. 8132	3. 1693	3. 2720	3. 4380	3. 4751	3. 4648	3. 4494
金属制品	DOM	3. 0255	3. 2445	3. 2913	3. 3649	3. 4354	3. 4274	3. 3610
	PRO	2. 7735	2. 8299	2. 8984	3. 0355	3. 0179	2. 9738	2. 9277
	NPR	2. 8756	3. 0687	3. 0123	3. 0423	3. 1720	3. 0749	3. 0014
机械和设备	DOM	3. 0521	3. 1880	3. 4547	3. 6078	3. 6603	3. 7004	3. 6748
	PRO	2. 7743	2. 7723	3. 0784	3. 2932	3. 2518	3. 2595	3. 2703
	NPR	2. 8202	2. 9675	3. 1729	3. 3272	3. 3890	3. 3690	3. 3553

续表

部门名称	贸易方式	1995 年	2000 年	2005 年	2008 年	2009 年	2010 年	2011 年
计算机、电子和光学设备	DOM	3. 1383	3. 4961	3. 6091	3. 9202	3. 9230	3. 9640	3. 9775
	PRO	2. 7048	2. 9637	3. 2620	3. 4298	3. 4188	3. 4343	3. 4327
	NPR	2. 5952	2. 7298	3. 0661	3. 2668	3. 3762	3. 3601	3. 4171
电力机械和设备	DOM	3. 1508	3. 3797	3. 6481	3. 8949	3. 9326	3. 9940	3. 9612
	PRO	2. 9199	2. 9921	3. 2122	3. 5231	3. 4563	3. 4707	3. 4840
	NPR	2. 9343	3. 2729	3. 2063	3. 5549	3. 6001	3. 5814	3. 5672
机动车、拖车和半拖车	DOM	3. 2295	3. 3522	3. 7171	4. 1030	4. 0481	4. 1604	4. 1666
	PRO	2. 7694	2. 7799	3. 1559	3. 4013	3. 3210	3. 2698	3. 2959
	NPR	2. 9773	3. 1487	3. 3581	3. 5273	3. 5126	3. 4041	3. 4052
其他运输设备	DOM	3. 2643	3. 4224	3. 4084	3. 4900	3. 6258	3. 8428	3. 7825
	PRO	2. 7789	2. 7506	3. 0612	3. 2615	3. 1771	3. 1192	3. 1483
	NPR	2. 9240	3. 1131	3. 2467	3. 3977	3. 3961	3. 2966	3. 3022
其他制造业和回收业	DOM	2. 3636	1. 9622	2. 6962	2. 2478	2. 3431	2. 3917	2. 3481
	PRO	3. 0367	2. 9106	3. 2204	3. 2284	3. 2071	3. 2130	3. 2193
	NPR	3. 1143	2. 8126	2. 8991	2. 8695	3. 1515	3. 1534	3. 1301

资料来源：根据 OECD 国家间投入产出表计算得到。

2. 不同贸易方式下中国制造业部门上游度指数测算

不同贸易方式下的制造业部门产品在各自全球价值链上的位置如何？我们可以利用上游度指数对中国制造业各部门在全球价值链中的位置进行定量计算和判定。根据 Fally 和 Russell（2013）的定义，利用 OECD 国家间投入产出表对不同贸易方式下中国制造业部门上游度的平均水平进行比较分析，计算结果如表 4 – 12 所示。

表 4 – 12　不同贸易方式下中国制造业产品平均的上游度水平

年份	国内使用产品的上游度水平	加工出口产品的上游度水平	非加工出口产品的上游度水平
1995	2. 9634	2. 3255	2. 7741
2000	3. 0658	2. 3350	2. 8653

续表

年份	国内使用产品的上游度水平	加工出口产品的上游度水平	非加工出口产品的上游度水平
2005	3.1775	2.3606	2.9526
2008	3.3885	2.4118	3.1222
2009	3.3896	2.3675	3.1196
2010	3.4494	2.4195	3.1742
2011	3.4272	2.4360	3.1718

资料来源：根据 OECD 国家间投入产出表计算得到。

从中国制造业部门产品的上游度水平来看，1995～2011 年，国内使用产品的上游度水平最高，非加工贸易出口产品的上游度水平低于国内使用产品，但是高于加工贸易出口产品，这与全球价值链长度指数的计算结果基本相同。实际上，上游度指数也是一种全球价值链长度指标，它衡量的是产品与最终需求之间的距离，而全球价值链长度指标则衡量各种初级要素与最终产品之间的距离。制造业部门国内使用产品的上游度最高，说明该类产品距离最终需求最远，产品需要经历较多的生产环节才能到达最终消费者和投资者手中。与其他两类产品相比，国内使用产品处于制造业价值链的上游部分，向其他部门提供的中间产品较多。加工贸易出口产品距离最终需求者最近，例如，在 2011 年，加工贸易出口产品平均只需 2.4 个生产环节即可到达最终需求者，而国内使用产品则需要 3.4 个生产环节，非加工贸易出口产品平均需要 3.2 个生产环节。因为中国制造业部门的加工贸易出口产品主要是通过进口国外零部件和中间产品，然后在国内加工组装成最终产品并出口到国外，供国外的消费者和投资者使用，因此，这类出口产品与最终使用者的距离最短。

由图 4－9 可知，各种贸易方式下的制造业部门产品上游度水平都呈现增长趋势，特别是在 1995～2008 年国内使用产品和非加工贸易出口产品的上游度水平增长速度较快，说明这两类产品在全球价值链上的位置提升较快，产品主要用于提供给国内外相关部门作为中间投入，而不是经过加工组装直接面对最终消费者。与全球价值链长度的计算结果类似，从上游度的角度来看，中国制造业各类产品的全球价值链都变长了，产品距离最终消费者越来越远。与 1995 年相比，2011 年国内使用产品的上游度平均水平提高了 15.65%，非加工贸易出口产品的上游度水平提升了 14.34%，而加工贸易出口产品的上游度水平提高幅度最小，只有 4.75%。

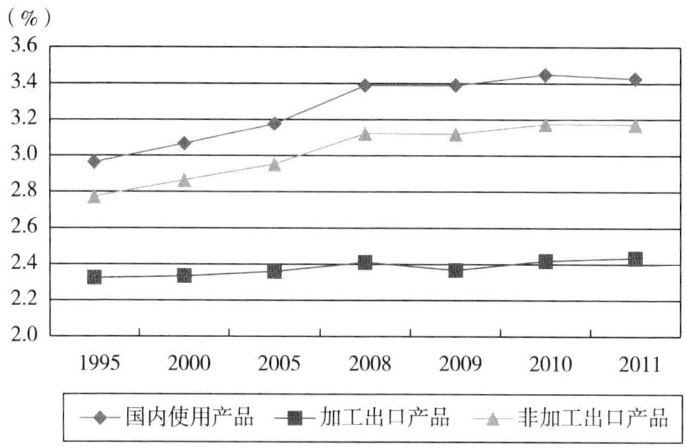

图 4－9　不同贸易方式下中国制造业产品平均的上游度水平

资料来源：根据 OECD 国家间投入产出表计算得到。

表 4－13 详细列出了 1995～2011 年中国制造业各部门产品的上游度水平计算结果，我们进一步发现不同贸易方式下同类部门产品的上游度水平也呈现出较为明显的异质性特征。例如，2011 年国内使用的电力机械和设备的上游度水平是 3.0754，而以加工贸易出口方式生产的电力机械和设备的上游度水平仅为 2.4277，用于非加工贸易出口的电力机械和设备的上游度水平为 2.9788。其他部门产品可做类似分析，在此不再赘述。

表 4－13　不同贸易方式下中国制造业各部门上游度水平

部门名称	贸易方式	1995 年	2000 年	2005 年	2008 年	2009 年	2010 年	2011 年
食品、饮料和烟草	DOM	1.9180	2.1439	2.3299	2.4949	2.5696	2.5982	2.5460
	PRO	1.5397	1.5500	1.5911	1.6548	1.6365	1.6372	1.6250
	NPR	1.8820	2.0887	2.2594	2.4121	2.4805	2.5039	2.4606

续表

部门名称	贸易方式	1995 年	2000 年	2005 年	2008 年	2009 年	2010 年	2011 年
纺织、纺织品、皮革和鞋类	DOM	3. 0644	2. 8205	3. 0580	3. 1677	3. 2076	3. 2931	3. 2561
	PRO	1. 6632	1. 6216	1. 6325	1. 6044	1. 5596	1. 5928	1. 5861
	NPR	2. 4770	2. 4770	2. 3323	2. 4726	2. 5176	2. 5292	2. 5869
木材和木制品	DOM	3. 0025	3. 0732	3. 7640	4. 1659	4. 1884	4. 2875	4. 2307
	PRO	2. 7399	2. 7484	2. 7593	2. 7656	2. 7027	2. 7398	2. 7650
	NPR	2. 9636	3. 0244	3. 6086	4. 1375	4. 1555	4. 2435	4. 2117
纸浆、造纸、纸制品和印刷	DOM	3. 9311	3. 7255	3. 9509	4. 1732	4. 1368	4. 1992	4. 1670
	PRO	2. 7293	2. 6529	2. 5439	2. 6760	2. 6398	2. 7152	2. 7470
	NPR	3. 8926	3. 6876	3. 8782	4. 0928	4. 0557	4. 1174	4. 0924
焦炭、精炼石油产品和核燃料	DOM	3. 6089	3. 8503	4. 0313	4. 2233	4. 3055	4. 3663	4. 3150
	PRO	2. 6629	2. 6613	2. 5528	2. 6432	2. 8250	2. 8881	2. 8240
	NPR	3. 4573	3. 6562	3. 8005	3. 9755	4. 0719	4. 1326	4. 0760
化工和化学品	DOM	3. 7619	3. 7571	3. 8141	4. 1057	4. 2314	4. 3230	4. 2729
	PRO	2. 7558	2. 7527	2. 7740	2. 8952	2. 7665	2. 8709	2. 9072
	NPR	3. 5703	3. 5599	3. 5974	3. 8389	3. 9185	4. 0141	4. 0010
橡胶和塑料制品	DOM	3. 7274	3. 8944	4. 0156	4. 2445	4. 2804	4. 3218	4. 2941
	PRO	2. 6901	2. 7079	2. 7278	2. 7855	2. 7121	2. 7770	2. 8031
	NPR	3. 5797	3. 7263	3. 8090	3. 9970	4. 0196	4. 0596	4. 0522
其他非金属矿产品	DOM	2. 4890	2. 6629	2. 6905	2. 7267	2. 7613	2. 8125	2. 7702
	PRO	2. 4881	2. 5537	2. 5690	2. 5750	2. 5569	2. 5861	2. 6124
	NPR	2. 4887	2. 6307	2. 6562	2. 6834	2. 7038	2. 7476	2. 7231
基本金属	DOM	3. 7980	3. 9149	3. 9138	4. 1078	4. 0506	4. 1279	4. 0932
	PRO	3. 5389	3. 6195	3. 7137	3. 6535	3. 4294	3. 5348	3. 5859
	NPR	3. 7010	3. 7982	3. 8423	3. 9496	3. 8255	3. 9165	3. 9216
金属制品	DOM	3. 1936	3. 4569	3. 7413	4. 0481	3. 9962	4. 0704	4. 0397
	PRO	2. 6457	2. 6755	2. 6762	2. 7482	2. 6634	2. 7446	2. 7826
	NPR	3. 0109	3. 2016	3. 3863	3. 6041	3. 5500	3. 6192	3. 6258
机械和设备	DOM	2. 3577	2. 4925	2. 6393	2. 9129	2. 7951	2. 8669	2. 8691
	PRO	2. 0694	2. 0845	2. 1510	2. 1934	2. 1759	2. 2264	2. 2129
	NPR	2. 1997	2. 2826	2. 3959	2. 5673	2. 5032	2. 5640	2. 5632

续表

部门名称	贸易方式	1995 年	2000 年	2005 年	2008 年	2009 年	2010 年	2011 年
计算机、电子和光学设备	DOM	2.3003	2.4621	2.3136	2.7785	2.7705	2.7815	2.8713
	PRO	2.0739	2.1709	2.1316	2.1974	2.1636	2.2132	2.2225
	NPR	2.3030	2.4609	2.2467	2.4758	2.4731	2.4747	2.5439
电力机械和设备	DOM	2.5325	2.9299	2.8292	3.0038	3.0187	3.0925	3.0754
	PRO	2.1473	2.1364	2.3783	2.4059	2.3940	2.4308	2.4277
	NPR	2.4838	2.8241	2.7719	2.9184	2.9196	2.9796	2.9788
机动车、拖车和半拖车	DOM	2.7178	2.8731	2.5661	2.6681	2.6692	2.7508	2.7437
	PRO	1.7442	1.8962	1.8560	1.9020	1.8265	1.8890	1.8975
	NPR	2.6259	2.7831	2.4974	2.5910	2.5860	2.6650	2.6640
其他运输设备	DOM	2.2853	2.2982	2.3959	2.3538	2.2900	2.2652	2.2666
	PRO	2.1149	1.9761	2.0634	2.0960	2.0529	2.0528	2.0949
	NPR	2.1648	2.0733	2.2175	2.2249	2.1768	2.1654	2.1879
其他制造业和回收业	DOM	2.7262	2.6970	2.7862	3.0407	2.9620	3.0339	3.0246
	PRO	1.6041	1.5520	1.6483	1.7923	1.7748	1.8137	1.8823
	NPR	1.5849	1.7154	1.8017	1.9693	1.9450	1.9965	2.0550

资料来源：根据 OECD 国家间投入产出表计算得到。

二、中国制造业部门国内增加值生产长度指数测算

（一）中国制造业部门国内增加值的前向分解

利用最新发布的 2000～2014 年世界投入产出表，采用 Wang 等（2017）的国内增加值分解方法，我们对中国制造业部门的国内增加值进

行前向分解，结果如表4－14所示。其中，*VA*表示国内增加值，*VA_ D*是用于满足国内需求的国内增加值，*VA_ RT*表示通过传统的最终产品出口方式，直接用于满足国外最终需求的国内增加值，*VA_ GVC*表示与全球价值链分工相关的国内增加值，*VA_ GVC_ S*是与简单全球价值链分工相关的国内增加值，*VA_ GVC_ C*代表与复杂全球价值链分工相关的国内增加值。关于各项国内增加值的定义和分解方法在第三章已经做过介绍。

表4－14　2000～2014年中国制造业部门国内增加值的分解

单位：百万美元

年份	*VA*	*VA_ D*	*VA_ RT*	*VA_ GVC*	*VA_ GVC_ S*	*VA_ GVC_ C*
2000	394088	283338	68259	42491	25936	16555
2001	425500	307493	72237	45770	28068	17702
2002	461429	319817	85034	56578	34467	22111
2003	544268	353444	115322	75502	45246	30256
2004	648708	392218	152263	104226	61188	43038
2005	761980	440041	194277	127661	75633	52028
2006	927331	516892	244077	166362	96505	69857
2007	1198615	680601	306809	211206	124999	86207
2008	1534857	924998	350700	259159	153804	105355
2009	1660840	1133042	315490	212308	130848	81460
2010	1986160	1306254	391212	288695	172355	116340
2011	2439803	1635797	449971	354035	208346	145689
2012	2718938	1865151	483218	370568	222694	147874
2013	2952456	2056162	491476	404818	245521	159297
2014	3129377	2180942	509670	438764	268691	170073

资料来源：根据世界投入产出表计算得到。

从绝对值水平来看，为满足国内最终需求的中国制造业产品国内增加值最高，其次是传统的最终产品出口贸易中的国内增加值，而与全球价值链分工相关的国内增加值最低。例如，2014 年，这三类增加值分别为 2180942 百万美元、509670 百万美元和 438764 百万美元，占该年制造业总的国内增加值的比例分别为 69.69%、16.29% 和 14.02%，表明中国制造业部门的国内增加值主要是用于满足国内的消费和投资需求，其次是通过最终产品的直接出口方式，满足直接进口国对中国制造业产品的最终需求。与前两类增加值相比，通过中间产品贸易的方式，参与全球价值链分工活动的制造业产品国内增加值水平较低。其中，与简单全球价值链分工相关的国内增加值要高于与复杂全球价值链分工相关的国内增加值。例如，2014 年中国制造业部门的 *VA_ GVC_ S* 和 *VA_ GVC_ C* 分别为 268691 百万美元和 170073 百万美元。

由图 4 - 10 可知，2000 ~ 2014 年中国制造业部门的各类国内增加值都呈增长趋势。其中，为满足国内最终需求的国内增加值自 2006 年以来增长较快，表明随着中国经济的日益发展，制造业产品的国内需求比较旺盛，国内各产业之间的投入产出关联也日趋紧密。加入 WTO 之后，中国制造业部门的比较优势得到充分释放和发挥，传统的制造业最终产品出口贸易中的国内增加值也呈较为明显的增长趋势，虽然在 2009 年受次贷危机影响有所下滑，但很快又恢复了增长趋势。值得注意的是，近年来中国制造业部门积极参与全球价值链分工与贸易活动，已经深度融合到全球生产网络中，与全球价值链分工相关的国内增加值水平也不断提高。我们发现，相对于其他增加值部分，与全球价值链分工活动相关的国内增加值水平虽然较低，但是 2001 ~ 2014 年该类增加值的年均增长速度为 19.15%，明显快于传统贸易的增加值和满足国内需求的增加值的增长速度，后两者的年均增长速度分别为 16.16% 和 16.04%，反映了全球价值链分工活动得到快速的发展。

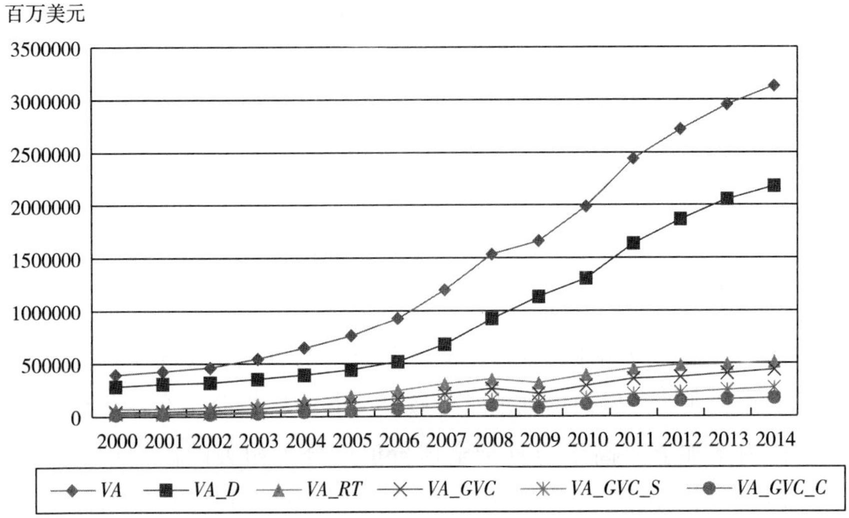

图 4 - 10　中国制造业部门国内增加值的变动趋势

资料来源：根据世界投入产出表计算得到。

（二）中国制造业部门国内增加值的生产长度指数测算

表4 - 15 列出了2000 ~ 2014 年中国制造业部门产品各类国内增加值的生产长度指数，其中，第 2 ~ 7 列分别表示制造业产品总的国内增加值生产长度(*PLv*)、为满足内需的国内增加值生产长度(*PLv_ D*)、传统的最终产品出口贸易中的国内增加值生产长度(*PLv_ RT*)、与全球价值链分工相关的国内增加值生产长度(*PLv_ GVC*)、与简单的全球价值链分工相关的国内增加值生产长度(*PLv_ GVC_ S*)以及与复杂的全球价值链分工相关的国内增加值生产长度(*PLv_ GVC_ C*)。我们看到，这里的中国制造业部门的增加值生产长度与前述的利用 Fally 和 Russell(2013)的方法计算的全球价值链长度有所不同，增加值生产长度主要反映增加值的生产足迹，其定义和计算方法均与 Fally 和 Russell （2013） 的全球价值链长度定义和计算方法不同，在此需要读者注意两者的区别。但这两类长度指标都能从某种程度上反映制造业部门全球价值链生产与贸易的复杂程度和位置特征，因此又具有一定的相似性。

表 4-15　2000~2014 年中国制造业部门各类国内增加值的生产长度指数

年份	*PLv*	*PLv_ D*	*PLv_ RT*	*PLv_ GVC*	*PLv_ GVC_ S*	*PLv_ GVC_ C*
2000	2. 8071	2. 7176	2. 5067	4. 5777	4. 1745	5. 3607
2001	2. 7923	2. 7038	2. 4918	4. 5355	4. 1436	5. 3210
2002	2. 7428	2. 6461	2. 4282	4. 4123	4. 0201	5. 1906
2003	2. 7685	2. 6807	2. 4519	4. 4340	4. 0229	5. 2174
2004	2. 8032	2. 7064	2. 4576	4. 4412	4. 0014	5. 2250
2005	2. 9154	2. 8388	2. 5497	4. 5952	4. 1240	5. 4305
2006	2. 9697	2. 8982	2. 5795	4. 6479	4. 1505	5. 4819
2007	3. 0041	2. 8709	2. 6140	4. 6917	4. 1988	5. 5391
2008	3. 0132	2. 8588	2. 6548	4. 7151	4. 2087	5. 5781
2009	3. 0769	3. 0042	2. 8143	4. 8766	4. 3955	5. 7928
2010	3. 0665	2. 9671	2. 7646	4. 8555	4. 3315	5. 7765
2011	3. 0782	2. 9599	2. 7696	4. 8845	4. 3241	5. 8214
2012	3. 1002	2. 9987	2. 8038	4. 9428	4. 3845	5. 9326
2013	3. 1651	3. 0539	2. 8570	5. 0226	4. 4451	6. 0577
2014	3. 1803	3. 0660	2. 8530	5. 0314	4. 4611	6. 0717

资料来源：根据世界投入产出表计算得到。

从各类全球价值链长度的绝对值水平来看，与复杂全球价值链分工相关的国内增加值生产长度最长，2000~2014 年的平均值达到 5. 5865，意味着在这种分工模式下，中国制造业部门产品的国内增加值需要经历 5. 6 个生产阶段才能到达最终产品，生产过程最为复杂。例如，通过中国制造业中间产品贸易出口的国内增加值被直接进口国用作中间投入，经过加工之后再出口到其他国家作为中间投入或最终产品，或者增加值在经历多个跨国生产阶段之后又返销回中国，由此造成这种复杂的全球价值链分工的增加值生产长度最长。增加值长度列第二位的是与简单的全球价值链分工相关的国内增加值生产长度，其平均值达到 4. 7109；为满足国内需求的国内增加值的生产长度位列第三，平均值为 2. 8647；而传统最终产品贸易中的国内增加值长度最短，仅为 2. 6398。

值得注意的是，虽然用于满足国内需求和国外需求的国内增加值都在本国国内进行生产，但这两类增加值的生产长度却存在差异，表明这两类增加值形成的价值链在满足国内和国外最终需求方面，具有不同的投入产出结构，可能与各国的最终需求偏好差异有关。我们发现，与全球价值链分工相关的国内增加值生产长度要明显大于其他国内增加值的生产长度，主要是由于中国制造业部门在参与这种新型国际分工过程中会产生大量的中间产品贸易，国内增加值需要多次跨越国境并参与国外生产，由此造成这两类国内增加值的生产长度较长。

由图 4 - 11 可知，2000 ~ 2014 年所有类型的国内增加值生产长度都经历了增长过程，表明产品生产所需的生产环节日益增多，产品生产过程日益复杂。例如，为满足国内最终需求的增加值生产长度（*PLv_ D*）已经从 2000 年的 2.7176 增长到 2014 年的 3.066，增幅达 12.82%，表明中国国内部门之间的分工日益精细。为满足国外最终需求的增加值生产长度（*PLv_ RT*）在此期间也增长较快，由于这类增加值生产也都在国内完成，因此也从一个侧面反映出中国国内制造业分工日益完善，为更好地满足国外的最终需求，国内各部门之间的生产合作日益频繁，产品增加值在到达国外最终需求之前要经过更多的国内生产环节，生产过程日趋复杂。

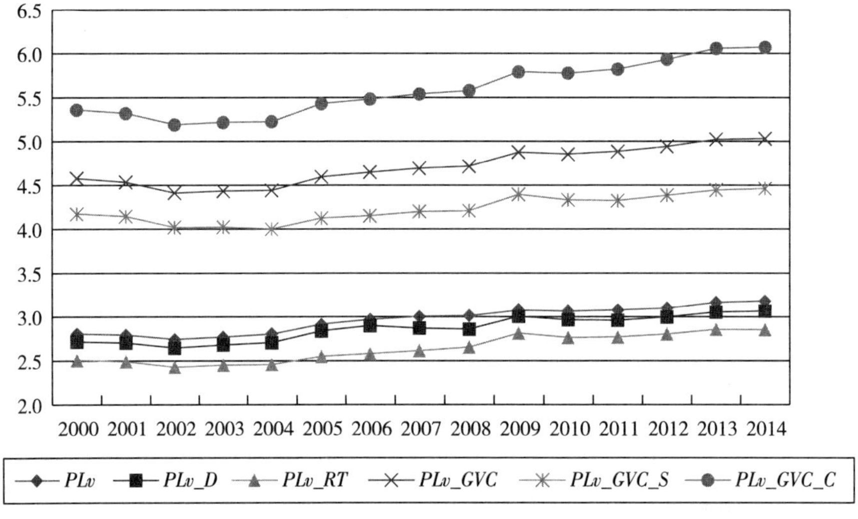

图 4 - 11　中国制造业部门各类国内增加值的生产长度指数变动趋势

资料来源：根据世界投入产出表计算得到。

前面我们发现，中国制造业部门与全球价值链分工相关的国内增加值增速要快于其他类型的国内增加值增速，那么从国内增加值的生产长度增长情况来看，我们也发现自2005年以来，中国制造业部门与复杂全球价值链分工相关的国内增加值生产长度（PLv_GVC_C）的增幅最大，从2005年的5.4305增长到2014年的6.0717，增幅达到11.8%，说明中国制造业部门参与复杂全球价值链分工的程度越来越高，产品的全球价值链不断得到延长。中国制造业部门不再像对外开放之初那样较多从事简单的加工组装环节，而是更多地向相关国家产品部门提供中间产品，反映出中国制造业部门在全球价值链上的分工地位得到提升。

由图4-12可知，2007~2009年，几乎所有类别的国内增加值的增长率都出现较为明显的下降，说明全球经济衰退对中国制造业对外贸易和参与全球价值链分工造成一定的负面影响，与前些年全球价值链分工的快速发展不同，近年来这种新型国际分工的扩张速度明显减慢。其中，既有全球经济不景气、贸易保护主义抬头的国际宏观因素，也有国内经济增长速度趋缓的影响。

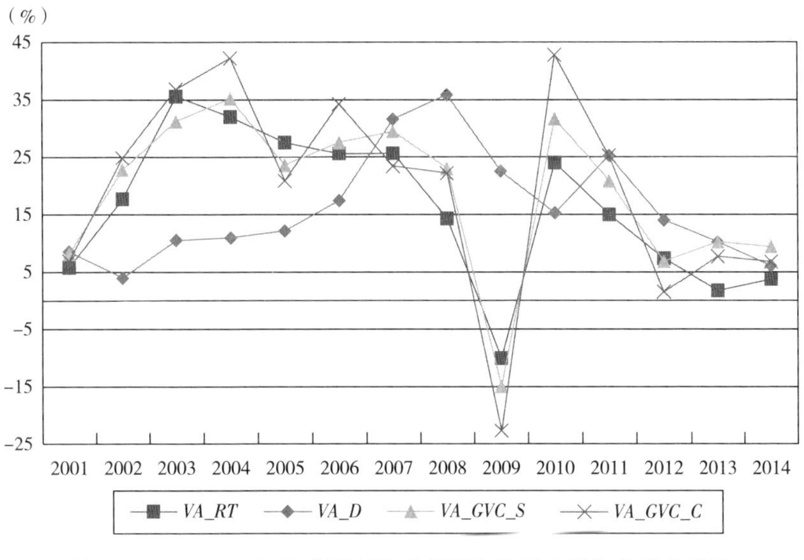

图4-12　2001~2014中国制造业部门各类国内增加值的变动率

资料来源：根据世界投入产出表计算得到。

为深入考察与全球价值链分工相关的国内增加值的生产长度，我们利用世界投入产出表和前述计算公式，将与全球价值链分工相关的国内增加值生产长度进一步分解为国内部分长度和国外部分长度，分解结果如图4－13所示。

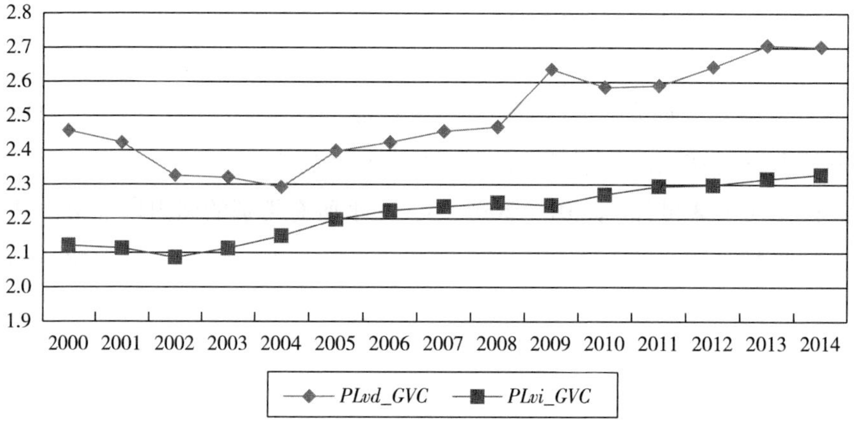

图4－13　中国制造业部门与全球价值链分工相关的增加值长度分解

资料来源：根据世界投入产出表计算得到。

可以发现，2000～2014年中国制造业部门与全球价值链分工相关的国内增加值的国内部分长度（*PLvd_ GVC*）要大于国外部分长度（*PLvi_ GVC*），而且自2011年以来，国内部分长度始终保持稳定增长，而其国外部分长度的增长幅度则较小。原因是自全球经济衰退以来，受不利的需求冲击影响，中间产品贸易的增速呈现较为明显的下滑趋势，制造业部门参与跨国生产的势头有所减弱，全球价值链分工的扩张速度有所放缓。与之形成对比的是，这一时期的中国制造业部门的国内分工网络得到进一步发展和完善，国内市场一体化程度进一步提高，再加上政府部门出台的多项制造业促进政策，产品增加值在国内部门之间的迂回往复日益增多，由此导致中国制造业部门与全球价值链分工相关的国内增加值的国内部分不断得到延长。

（三）中国电气机械部门国内增加值分解和生产长度指数测算

为了更加细致地研究中国制造业部门产品各类国内增加值的分布情况及其全球价值链长度，我们以电气机械部门产品为例，对其各类国内增加值进行完全分解，并计算各类国内增加值的生产长度指标，计算结果如表4－16和表4－17所示。

表4－16 2000～2014年中国电气机械部门的各类国内增加值分解

单位：百万美元

年份	VA	VA_ D	VA_ RT	VA_ GVC	VA_ GVC_ S	VA_ GVC_ C
2000	18470	11672	4138	1606	72	982
2001	19409	12181	4389	1745	87	1007
2002	20986	12117	5412	2098	129	1230
2003	24930	13831	6770	2655	178	1495
2004	31148	16574	8661	3615	250	2048
2005	39255	20486	11025	4767	320	2656
2006	45316	22712	12986	5843	404	3371
2007	58205	30017	16026	7467	470	4226
2008	84755	47281	21085	10044	656	5690
2009	80414	49751	17485	8326	612	4239
2010	111015	65825	25488	12026	1078	6598
2011	132119	79858	29056	13899	1407	7899
2012	150505	92391	31825	16007	1646	8636
2013	160484	99311	32602	17504	1823	9245
2014	170374	104311	34580	19584	1909	9990

资料来源：根据世界投入产出表计算得到。

表4－17 2000～2014年中国电气机械部门各类国内增加值生产长度指数

年份	PLv	PLv_ D	PLv_ RT	PLv_ GVC	PLv_ GVC_ S	PLv_ GVC_ C
2000	2.7869	2.781	1.893	4.203	3.8191	4.816
2001	2.7596	2.772	1.8407	4.127	3.7475	4.7701

续表

年份	PLv	PLv_ D	PLv_ RT	PLv_ GVC	PLv_ GVC_ S	PLv_ GVC_ C
2002	2. 712	2. 7606	1. 7618	4. 0294	3. 6499	4. 6541
2003	2. 6026	2. 5979	1. 7218	3. 9956	3. 5906	4. 6809
2004	2. 5893	2. 5215	1. 7457	4. 0154	3. 5775	4. 7451
2005	2. 6855	2. 5899	1. 8395	4. 1428	3. 6616	4. 9451
2006	2. 726	2. 6146	1. 8523	4. 1687	3. 6636	4. 9777
2007	2. 8139	2. 6992	1. 9202	4. 2744	3. 7719	5. 0742
2008	2. 7721	2. 5992	1. 9713	4. 3014	3. 7875	5. 1195
2009	2. 8096	2. 695	2. 0266	4. 2816	3. 8139	5. 1266
2010	2. 8465	2. 6975	2. 0574	4. 3651	3. 8489	5. 217
2011	2. 8697	2. 7042	2. 0849	4. 4217	3. 8711	5. 302
2012	2. 8751	2. 7124	2. 0914	4. 396	3. 8443	5. 3113
2013	2. 9623	2. 8095	2. 1017	4. 4751	3. 9014	5. 4347
2014	2. 9837	2. 841	2. 0713	4. 4585	3. 8971	5. 4444

资料来源：根据世界投入产出表计算得到。

由图 4 - 14 可知，中国电气机械部门为满足国内最终需求的国内增加值水平最高，而且增长速度非常快，体现了国内市场对电气机械产品的旺盛需求。传统的电气机械最终产品出口中的国内增加值排在第二位，与全球价值链分工相关的国内增加值虽然排在第三位，但是其近年来的增长速度要快于传统出口贸易中的增加值增长速度，反映出该部门参与全球价值链分工的程度在日益加深。需要注意的是，近年来中国电气机械部门更多的是参与简单的全球价值链分工，对于增加值多次跨境的复杂全球价值链分工的参与程度还较低，这说明电气机械部门参与全球价值链分工的水平和地位还有较大的提升空间。

由表 4 - 17 可知，中国电气机械部门参与复杂全球价值链分工的国内增加值的生产长度最长，2014 年接近 5. 5，表明该产品的国内增加值到达最终需求平均需要经历 5. 5 个生产环节，说明这种全球价值链分工需要增加值参与较多次的跨境生产活动。同样，与简单全球价值链分工相关的国内增加值生产长度位居第二位，2014 年接近 4.5，表明该类增加值的生产环节较多。我们看到，该产品用于满足国内需求的国内增加值生产长度的变动较为平稳，平均值为 2.7，高于传统出口贸易产品中的国内增加值生产长度，而后者的平均值为 1.9。

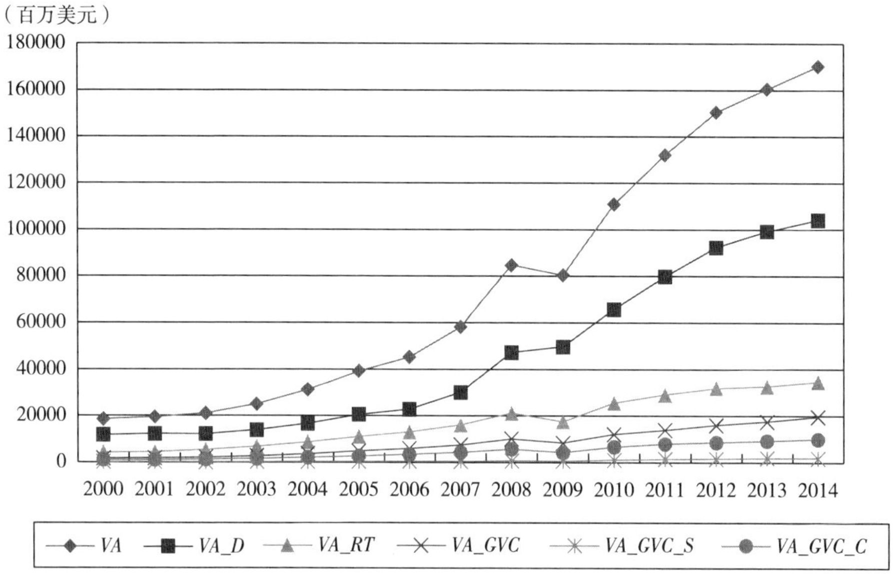

图 4-14　2000～2014 年中国电气机械部门各类增加值的变动特征

资料来源：根据世界投入产出表计算得到。

由图 4-15 可知，自 2004 年以来，各类增加值长度基本上都呈现平稳增长态势，其中，与复杂的全球价值链分工相关的国内增加值长度呈现较为明显的增长趋势，已经从 2004 年的 4.7451 增长到 2014 年的 5.4444，增幅达到 14.74%，表明伴随中间产品多次跨越国境，中国电气机械部门产品的国内增加值距离最终需求的长度也在不断延长，为国外其他部门提供中间产品的能力在持续增强，从侧面证实该部门产品在全球价值链上的地位得到一定程度的提升。

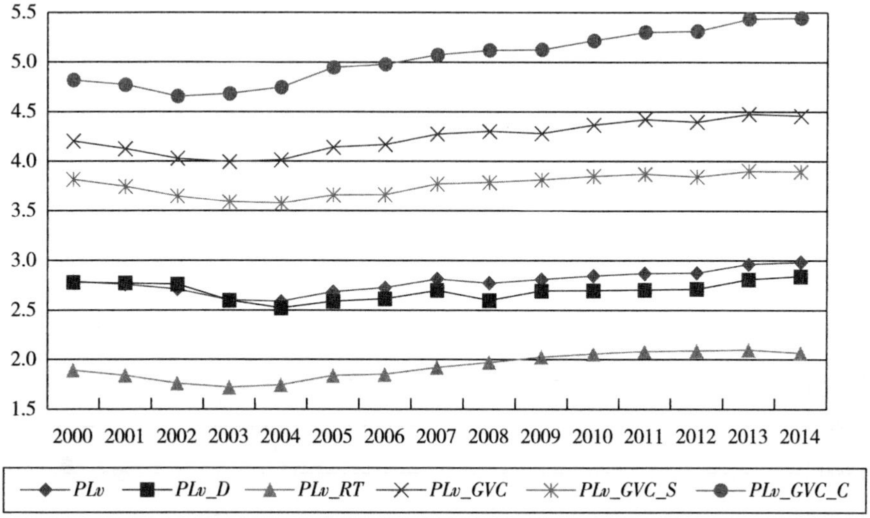

图 4－15　中国电气机械部门各类国内增加值生产长度指数的变动

资料来源：根据世界投入产出表计算得到。

第五章

中国制造业部门全球价值链长度的影响因素分析

全球价值链长度可以反映产品生产的复杂程度，衡量产品生产过程中经历的生产阶段数目，描述从增加值到最终产品之间的距离。全球价值链长度的影响因素很多，我们根据相关文献，简要归纳了影响全球价值链长度的主要因素，包括人均产出或劳动生产率、人均资本或资本深化、熟练劳动比率、研发强度、服务含量、垂直专业化等因素。这些因素可能会对制造业部门全球价值链长度产生影响。下面，我们首先分析这些因素对中国制造业部门全球价值链总长度的影响，其次分析其对制造业部门全球价值链国内长度和国外长度的影响效果。

一、中国制造业部门全球价值链长度的影响因素

根据 Antras 等（2012）的研究，我们采用计量回归方法，把中国制造业部门全球价值链长度的影响因素的回归方程表示如下

$$GVCLENGTH_{it} = \alpha_i + \beta_1 YL_{it} + \beta_2 KL_{it} + \beta_3 SKILL_{it} + \beta_4 RD_{it} + \beta_5 SERVICE_{it} + \beta_6 VS_{it} + \varepsilon_{it} \quad (5-1)$$

其中，被解释变量 $GVCLENGTH_{it}$ 是中国制造业部门 i 在年份 t 的全球价

值链长度指数，衡量产品生产过程中所经历的生产阶段数目。根据相关研究文献，解释变量分别为人均产出（YL_{it}）、人均资本或资本深化（KL_{it}）、熟练劳动力在总劳动力中的比例（$SKILL_{it}$）、研发支出占总产出的比重或研发强度（RD_{it}）、服务含量（$SERVICE_{it}$）、垂直专业化指数（VS_{it}），α_i 为个体效应，ε_{it}为随机扰动项。中国制造业各部门产品服务含量可以利用前面的增加值分解方法，采用历年世界投入产出表计算出来，具体计算可参见本书附录。制造业各部门的垂直专业化指数前面已有计算，在此可直接利用。以上所有变量均取自然对数，而且除研发支出数据来自于历年的《中国科技统计年鉴》之外，其他所有变量的基础数据均来自于欧盟委员会资助开发的世界投入产出数据库中的社会经济统计账户。由于中国制造业部门存在明显的异质性，我们在这里采用计量回归中的固定效应模型进行分析，固定效应 α_i 可以控制制造业各部门不随时间变动的个体特征，还可以减轻遗漏变量造成的内生性问题。

从表 5－1 具体的回归结果来看，回归方程的 F 值显著，调整后的 R^2 为 0.9013 也比较高。从各具体解释变量的回归系数来看，人均产出的回归系数为 0.0366，符号为正，且在 5% 的显著性水平上显著，说明制造业部门人均产出水平的提高，有利于提高该部门产品的全球价值链长度。人均产出提高通常表明劳动生产率得到提高，有助于部门全球价值链长度的延长和扩展。人均资本或资本深化变量的回归系数为－0.0014，符号为负，但并不显著。熟练劳动比率的回归系数为 0.1115，且在 1% 的显著性水平上显著，说明制造业部门中熟练劳动力占总劳动力的比重提高，将有助于增加部门产品的全球价值链长度，原因可能在于提高劳动者的熟练程度，对于提升产品生产复杂程度具有促进作用，便于全球价值链的进一步展开。解释变量研发强度的回归系数为 0.0135，在 5% 的显著性水平上显著，表明提高研发支出在总产出中的比重，有助于延长全球价值链长度。作为一个重要的解释变量，制造业部门产品的服务含量比例的提高可以提升全球价值链长度，因为服务业特别是生产性服务业是制造业发展的有力支撑，对制造业产品贡献了相当的增加值。根据有关研究统计，制造业部门产品的增加值接近20%是由服务业部门贡献的，而且制造业服务化有助于提升制造业部门的竞争力。我们看到，解释变量垂直专业化的回归系数为 -0.0503，表明制造业部门产品的国外增加值比例提高，会对全球价值链长度产生收缩作用。前面我们分析发现，中国制造业部门产品的全球价值链的国内长度在全球价值链总长度中占据主要部分，因此，产品国外增加值在总增加值的比例提高，会导致国内增加值在总增加值中的比例下降，进而导致全球价值链的国内部分下降，而国内部分长度下降对全球价值链总长度的变动影响较大，可能使全球价值链总长度下降。当然，全球价值链的国外部分长度会随着制造业部门参与垂直专业化活动而延长，只是其在总长度中所占的比重较低。

表5-1　中国制造业部门产品全球价值链总长度的影响因素分析

解释变量	被解释变量 *GVCLENGTH*			
	系数	标准差	t值	伴随概率
C	1.4999	0.1184	12.6648	0.0000
YL	0.0366**	0.0175	2.0953	0.0375
KL	-0.0014	0.0167	-0.0818	0.9349
SLILL	0.1115***	0.0178	6.2682	0.0000
RD	0.0135**	0.0067	2.0169	0.0451
SERVICE	0.1344***	0.0278	4.8317	0.0000
VS	-0.0503***	0.0129	-3.9026	0.0001
调整后的 R^2	0.9013	F值	101.4891	0.0000

注：***表示通过1%的显著性水平检验，**表示通过5%的显著性水平检验。

下面，我们可以分别分析这些因素对全球价值链国内长度指数（*GVCLENGTHDO*）和国外长度指数（*GVCLENGTHIN*）的影响效果。从表5-2可以看出，除了人均产出变量的回归系数为0.0312但并不显著以外，其他回归系数都通过了至少5%的显著性水平检验。具体来看，人均资本或资本深化的回归系数为正，系数大小为0.0640，表明人均资本提高可以延长中国制造业部门产品全球价值链的国内长度。熟练劳动力比率的回归系数为

0.1065，且在1%的显著性水平上显著，表明熟练劳动力比率的提高将有助于国内价值链的发展。研发强度变量的回归系数也符合预期，表明加强研发投入对国内价值链的延长有正向作用。服务含量比率的回归系数绝对值为0.2421，符号为正，说明服务业增加值在制造业产品全球价值链长度的延长过程中发挥重要的促进作用。值得注意的是，制造业部门参与垂直专业化，会降低制造业国内价值链的长度，这个结果与前面的回归结果是一致的，说明延长制造业部门产品的国内价值链长度，还是要在提升制造业部门产品国内增加值上下功夫，切实提升制造业产品的国内含量，会有助于延长其国内价值链长度。

表5-2 中国制造业部门产品全球价值链国内长度的影响因素分析

解释变量	被解释变量 *GVCLENGTHDO*			
	系数	标准差	t值	伴随概率
C	1.3994	0.1496	9.3546	0.0000
YL	0.0312	0.0233	1.3386	0.1823
KL	0.0640***	0.0222	2.8815	0.0044
SLILL	0.1065***	0.0223	4.7712	0.0000
RD	0.0193**	0.0086	2.2392	0.0263
SERVICE	0.2421***	0.0370	6.5497	0.0000
VS	-0.1813***	0.0172	-10.5640	0.0000
调整后的 R^2	0.8367	F值	57.3703	0.0000

注：***表示通过1%的显著性水平检验，**表示通过5%的显著性水平检验。

我们接下来看各类因素对中国制造业部门全球价值链的国外长度的影响效果，从表5-3可以发现，人均产出、熟练劳动比率以及垂直专业化因素的估计系数比较显著，特别是制造业部门参与垂直专业化，提高产品的国外增加值比率，会显著增加制造业部门全球价值链的国外部分长度，这个结论也符合我们的理论预期。虽然前面的回归结果表明垂直专业化会降低全球价值链总长度和国内长度，但是由于全球价值链的国外部分主要体现国外增加值的贡献，制造业部门参与这种垂直专业化分工程度较高，会显著延长制造业部门全球价值链的国外部分长度，在这里也得到了实证检验。

表 5－3　中国制造业部门产品全球价值链国外长度的影响因素分析

解释变量	被解释变量 GVCLENGTHIN			
	系数	标准差	t 值	伴随概率
C	1.5262	0.1166	13.0881	0.0000
YL	0.0457 **	0.0212	2.1589	0.0321
KL	－0.0723	0.0196	－3.6971	0.0003
SLILL	0.0517 ***	0.0155	3.3276	0.0011
RD	0.0017	0.0064	0.2727	0.7854
SERVICE	－0.0043	0.0277	－0.1550	0.8770
VS	0.9520 ***	0.0156	60.8667	0.0000
调整后的 R^2	0.9951	F 值	2241.0660	0.0000

注：*** 表示通过 1% 的显著性水平检验，** 表示通过 5% 的显著性水平检验。

二、中国制造业部门全球价值链长度对国内增加值比率的影响

前面我们研究了中国制造业部门全球价值链长度的影响因素和作用效果，那么全球价值链长度的增加是否会对制造业部门产品的国内增加值比率产生影响？根据有关文献，国内增加值的影响变量主要包括要素禀赋、资本深化、研发投入以及我们所要关注的变量全球价值链长度。下面，我们通过面板回归中的固定效应模型分析中国制造业部门产品的全球价值链长度对国内增加值比率的影响效果。

$$DV_{it} = \alpha_i + \beta_1 YL_{it} + \beta_2 KL_{it} + \beta_3 RD_{it} + \beta_4 GVCLENGTH_{it} + \varepsilon_{it} \quad (5-2)$$

从表5－4所列的回归结果来看，人均产出或劳动生产率的提高会增加国内增加值比率，提升制造业产品的国内含量。随着劳动效率的不断提高，我们可以看到，中国制造业产品的国内增加值水平也在不断提升。我们看到研发强度变量的回归系数为0.0719，在1%的显著性水平上显著，说明研发活动有利于提升制造业产品的国内增加值水平。我们关心的全球价值链长度变量的回归系数也非常显著，通过了1%的显著性水平检验，符号为正，表明中国制造业部门全球价值链长度增加，将有助于提高制造业产品的国内增加值水平，两者存在正相关关系。当我们检验制造业全球价值链国内长度对国内增加值比率的影响时，也发现了同样的正相关关系，具体结果如表5－5所示，在此不再赘述。

表5－4　中国制造业部门全球价值链长度对国内增加值比率的影响

解释变量	被解释变量 *DV*			
	系数	标准差	t值	伴随概率
C	－0.6904	0.1752	－3.9414	0.0001
YL	0.0825***	0.0264	3.1283	0.0021
KL	－0.0588**	0.0260	－2.2607	0.0250
RD	0.0719***	0.0139	5.1703	0.0000
GVCLENGTH	0.6296***	0.1473	4.2733	0.0000
调整后的 R^2	0.8638	F值	43.7741	0.0000

注：***表示通过1%的显著性水平检验，**表示通过5%的显著性水平检验。

表5－5　中国制造业部门全球价值链国内长度对国内增加值比率的影响

解释变量	被解释变量 *DV*			
	系数	标准差	t值	伴随概率
C	－0.7891	0.1289	－6.1245	0.0000
YL	0.1203***	0.0243	4.9617	0.0000
KL	－0.0784***	0.0222	－3.5362	0.0005
RD	0.0572***	0.0127	4.4958	0.0000
GVCLENGTHDO	0.5949***	0.0821	7.2433	0.0000
调整后的 R^2	0.8841	F值	52.4035	0.0000

注：***表示通过1%的显著性水平检验。

我们还考察了中国制造业部门产品全球价值链的国外长度对制造业部门产品国内增加值的影响，从表5－6可以看出，人均产出、资本深化以及研发强度的提高都会提高产品的国内增加值比例，只是随着产品全球价值链的国外长度的增加，产品的国内增加值比率会出现下降，这表明两者之间存在负相关关系。

表5－6　中国制造业部门全球价值链国外长度对国内增加值比率的影响

解释变量	被解释变量 *DV*			
	系数	标准差	t值	伴随概率
C	−0.5882	0.1137	−5.1746	0.0000
YL	0.1581 ***	0.0261	6.0558	0.0000
KL	−0.1299 ***	0.0226	−5.7449	0.0000
RD	0.0408 ***	0.0134	3.0550	0.0026
GVCLENGTHIN	−0.2125 ***	0.0321	−6.6210	0.0000
调整后的 R^2	0.8795	F值	423.0944	0.0000

注：***表示通过1%的显著性水平检验。

三、中国制造业部门上游度水平的影响因素分析

借鉴Antras等（2012）的研究，我们利用中国制造业各部门的上游度指数数据和其他相关数据，对制造业部门上游度指数的主要影响因素进行实证分析，设置多元回归模型如下

$$UPSTR_{it}=\beta_0+\beta_1 YL_{it}+\beta_2 KL_{it}+\beta_3 SW_{it}+\beta_4 DV_{it}+\beta_5 RD_{it}+\varepsilon_{it} \quad (5-3)$$

其中，$UPSTR_{it}$表示部门i在t年的上游度指数；β_0为常数项；YL_{it}表示

部门 i 在 t 年的人均产出，衡量该部门的劳动生产率水平；KL_{it} 表示部门 i 在 t 年的人均资本，描绘该部门的资本密集程度；SW_{it} 表示部门 i 在 t 年投入的熟练劳动力与非熟练劳动力的比值，衡量该部门劳动力投入结构情况；DV_{it} 表示部门 i 产品中的国内增加值比例，用来度量该部门创造国内增加值的能力；RD_{it} 表示部门 i 在 t 年的研发支出占总产出的比重，用来代表部门的研发强度；ε_{it} 为随机扰动项。以上所有变量均取自然对数并进行差分处理。关于数据来源，除研发支出数据来自于历年的《中国科技统计年鉴》之外，其他所有变量的基础数据均来自于世界投入产出数据库。其中，各部门的熟练劳动力即世界投入产出数据库社会经济统计账户中的高技术劳动力，非熟练劳动力即中技术和低技术劳动力之和。制造业各部门产品的国内增加值比例可利用世界投入产出表计算得到。具体回归结果如表 5 - 7 所示。

表 5 - 7　中国制造业部门产品上游度的影响因素分析

解释变量	模型 1	模型 2	模型 3	模型 4	模型 5
YL	0.0389 ** (0.0159)	0.1346 *** (0.0252)	0.1353 *** (0.0356)	0.1795 *** (0.0201)	0.1839 *** (0.0207)
KL		-0.1127 ** (0.0247)	-0.1135 *** (0.0273)	-0.1277 ** (0.0132)	-0.1309 ** (0.0131)
SW			0.0042 (0.0113)	0.0417 *** (0.0110)	0.0345 *** (0.0128)
DV				0.3859 *** (0.0971)	0.4349 *** (0.1006)
RD					0.0102 ** (0.0045)
常数项	0.0050 ** (0.0023)	0.0089 *** (0.0024)	0.0086 *** (0.0015)	0.0043 ** (0.0018)	0.0045 ** (0.0017)
调整后的 R^2	0.0241	0.1178	0.1131	0.3322	0.3539

注：*** 表示通过 1% 的显著性水平检验，** 表示通过 5% 的显著性水平检验。

从模型 1 到模型 5，我们依次加入相关的解释变量，发现部门劳动生产率、资本密集度、熟练劳动相对投入比例、产品的国内增加值比例以及研发强度等变量均在不同程度上影响制造业部门的上游度水平。从模型 5 可以发现，部门劳动生产率的增长率与部门上游度的增长率存在正向关联，部门劳动生产率不断提高，可以制造和出口更多的中高端环节的中间产品和零部件，从而提升部门的上游度水平。人均资本增长率的回归系数符号为负，表明部门的资本密集度与部门上游度存在反向变动关系。熟练劳动力的相对投入增长率的回归系数符号为正，且通过了 1% 的显著性水平检验，表明部门熟练劳动力的相对投入增长率提高会促使上游度增长率得到提高，近年来，中国制造业部门的劳动力就业结构不断改善，有利于制造业部门向价值链上游攀升。我们注意到，部门产品的国内增加值比例的增长率系数符号为正，且通过了 1% 的显著性水平检验，表明产品的国内增加值比例的增长率提高，会使部门上游度水平的增长率得到相应提高。因此，要提升中国制造业部门的上游度，需要提高制造业产品的国内增加值比例，增加产品的本国含量水平。从模型 5 中还可以发现，部门研发强度的增长率会促进部门上游度增长率的提高。近年来，中国政府积极倡导自主研发，制造业部门提高研发经费的投入比例，有利于提升部门的上游度。

第六章

提升中国制造业部门全球价值链分工地位的政策建议

一、中国制造业部门全球价值链长度测算的基本结论

第一，本书采用 Wang 等（2013）的双边贸易完全分解方法，利用世界投入产出表计算了 1995～2011 年中国制造业部门的垂直专业化指数、全球价值链参与度指数以及全球价值链分工地位指数，对中国制造业部门参与全球价值链分工的程度和特征进行了定量分析。从垂直专业化指数的计算结果来看，1995～2011 年中国制造业部门平均的垂直专业化指数水平呈现增长态势，表明中国制造业部门融入全球生产和贸易网络的程度是在不断提高的。从中国制造业部门的垂直专业化结构来看，最终产品出口的国外增加值份额在逐步下降，表明中国制造业参与全球垂直专业化分工的形式已经有所改变，单纯的最终产品加工组装活动日趋减少，而国外增加值的更大比例被用于生产出口用的中间产品。中国制造业中间产品出口的国外增加值份额在 1995～2011 年总体呈现上升趋势，表明中国制造业在全球价值链上的总体分工地位有所提升，制造业部门经过多年的国际市场

竞争，已经开始进行产业升级活动。中国制造业出口产品中来自国外的重复计算部分的份额也有明显上升，说明中国制造业参与全球价值链分工的程度在逐步深化，一国出口中外国增加值的重复计算部分只有当存在多国间来回往复的中间品贸易时才会出现，这一部分在垂直专业化中的比例上升表明中间贸易品在被用于最终产品生产之前，跨越国境的次数在不断增多。

从中国制造业各部门全球价值链分工参与度指数的变动趋势来看，除皮革、皮革制品和鞋类制造业部门以外，其他所有制造业部门 2011 年的全球价值链分工参与度都比 1995 年的参与度高，表明这些部门积极融入全球价值链分工，从国外进口了大量的中间产品用于出口，也通过中间产品出口的形式向其他国家提供原材料和零部件，参与全球价值链分工的程度日益提高。从全球价值链分工地位指数的计算结果来看，我们看到，大部分制造业部门的全球价值链分工地位指数并不高，很多年份都是负值，说明中国制造业部门的全球价值链分工地位还有很大的提升空间。从中国制造业各部门全球价值链分工地位指数的变动情况来看，在不同时期，制造业各部门的全球价值链分工地位指数呈现不同的变动趋势，即具有一定的波动性。随着 2001 年中国加入 WTO，制造业部门的比较优势不断释放，国内生产加工能力不断增强，中国制造业向国外出口的中间产品和零部件不断增多，也在一定程度上提升了制造业部门的全球价值链分工地位。

第二，本书利用欧盟委员会资助编制的世界投入产出表，根据 Fally 和 Russell（2013）、Antras 等（2012）的方法，计算了 1995～2011 年中国制造业部门全球价值链长度指数和上游度指数，发现 1995～2009 年所有制造业部门的全球价值链都变长了，但在 2009～2011 年有所缩短。对全球价值链进行国内外分解后发现，1995～2009 年，所有制造业部门全球价值链的国内部分长度都呈现增长，而在 2009～2011 年全球价值链的国内部分长度有所变短；全球价值链的国外部分长度在 1995～2005 年呈现增长，而在 2005～2009 年则出现较大幅度的下降，在 2009～2011 年又转为增长趋势。全球价值链的国外部分长度的平均增长率要高于国内部分的平均增长率，反映出制造业部门正积极参与全球价值链分工。与国内部分长度的变动情况相比，全球价值链的国外部分长度对外部冲击的反应较为敏感而剧烈。从中国制造业部门的上游度计算结果来看，1995 ~2011 年绝大部分制造业部门的上游度水平都得到提升，表明制造业部门在全球价值链上的分工地位获得改善。受国际金融危机影响，2009 ~2011 年许多制造业部门的上游度水平也出现下滑。

第三，利用 OECD 和 WTO 编制的国家间投入产出表，通过区分不同贸易方式，对 1995 ~2011 年中国制造业部门各类产品的全球价值链长度和上游度水平进行了系统测算和比较分析。从不同贸易方式下中国制造业产品平均的全球价值链长度来看，国内使用产品的全球价值链长度要明显大于加工贸易出口产品和非加工贸易出口产品的全球价值链长度，而非加工贸易出口产品的全球价值链长度要大于加工贸易出口产品的全球价值链长度。这说明，制造业部门国内使用产品的生产对国内相关部门的产出和增加值有较强的拉动作用，国内需求对中国制造业增加值的提升具有重要意义。同时也表明，中国制造业部门加工贸易出口产品的全球价值链长度较短，对国内部门产出和增加值的拉动能力较弱。从全球价值链长度的变动趋势来看，1995 ~2011 年各种贸易方式下的制造业部门产品的全球价值链长度都呈现增长趋势，说明各类产品生产所经历的生产阶段数目都在增加，生产环节日益增多。从不同贸易方式下中国制造业产品的上游度水平来看，国内使用产品的上游度水平最高，其次是非加工贸易出口产品，而加工贸易出口产品的上游度水平最低。这说明与其他两类产品相比，国内使用产品处于制造业价值链的上游位置，向其他部门提供的中间产品较多。非加工贸易出口产品的上游度水平低于国内使用产品，但是高于加工贸易出口产品，而加工贸易出口产品多为利用国内廉价生产要素进行组装而成的产品，因此与国外最终需求者的距离最短。从上游度水平的变动趋势来看，1995 ~2011 年，各种贸易方式下的制造业部门产品的上游度水平都在提升，表明各部门中间产品的供给能力不断增强，在全球价值链中的位置有所提高。

第四，本书基于最新的产品增加值分解方法，利用世界投入产出表，对中国制造业部门产品的国内增加值进行分解，并在此基础上对各类增加值的全球价值链长度或生产长度进行系统测算和分析，得到以下基本结论：从各类国内增加值的绝对值水平来看，中国制造业部门为满足国内最终需求的国内增加值最高，其次是传统出口贸易中蕴含的国内增加值，而与全球价值链分工相关的国内增加值最低，其中，与简单的全球价值链分工相关的国内增加值要高于与复杂的全球价值链分工相关的国内增加值。从各类增加值的增长趋势来看，2000~2014 年中国制造业产品中所有类型的国内增加值都呈现增长趋势，其中，与全球价值链分工活动相关的国内增加值的年均增速要快于传统贸易和满足内需的国内增加值的年均增速。从各类国内增加值生产长度的绝对值水平来看，与复杂的全球价值链分工相关的国内增加值生产长度最长，其次是与简单的全球价值链分工相关的国内增加值生产长度，而为满足国内需求的增加值生产长度位列第三，传统的最终产品贸易中的国内增加值生产长度最短，表明中国制造业部门中各类增加值所形成的全球价值链存在差异，各类增加值生产的复杂程度各不相同。从增加值生产长度的变动特征来看，所有类别的国内增加值生产长度在 2000~2014 年都经历了增长过程，反映出中国制造业部门在全球价值链上的分工地位得到提升。其中，自 2005 年以来，与复杂的全球价值链分工相关的增加值生产长度增长最快，表明中国制造业部门融入全球生产和贸易网络的程度进一步提高。

第五，本书对中国制造业部门产品全球价值链长度和上游度的影响因素进行了实证研究，发现人均产出或劳动生产率、人均资本或资本深化、熟练劳动比率、研发强度、服务含量、垂直专业化、国内增加值等因素对中国制造业部门产品全球价值链长度和上游度水平具有不同程度的影响。我们发现，中国制造业部门的人均产出或劳动生产率、熟练劳动力比率、研发强度以及产品的服务增加值率的提高会增加制造业部门产品的全球价值链长度。制造业部门的垂直专业化活动通过降低制造业部门产品全球价值链的国内长度，增加全球价值链的国外长度。从中国制造业部门全球价值链长度与部门产品国内增加值比率之间的关系来看，全球价值链长度的增加会显著提高制造业部门产品的国内增加值比率，制造业部门产品全球价值链的国内长度增加会提高产品的国内增加值比率，但是全球价值链的国外长度延长会降低制造业部门产品的国内增加值比率。从中国制造业部门产品上游度的影响因素来看，人均产出、熟练劳动力的相对比率、产品的国内增加值比率以及部门研发强度的提高都有助于提升制造业部门产品的上游度水平。

二、提升中国制造业部门全球价值链分工地位的政策建议

第一，中国制造业总体的垂直专业化程度在不断深化，要积极顺应当前日新月异的全球价值链分工模式，不能忽视全球生产和贸易网络对中国制造业升级提供的正外部性，如巨大的国际市场、先进的技术外溢和人才交流等。中国制造业部门应逐步调整和优化垂直专业化结构，继续降低国内增加值较少的最终产品加工组装等出口活动，逐步升级到生产先进中间产品和零部件的全球价值链环节上去，以便提升中国制造业部门在全球价值链上的分工地位，分享更多的分工利益。

第二，中国制造业部门应当积极延长产品的全球价值链，既要加强国内部门之间的紧密联系，延长产品全球价值链的国内部分，拉动国内相关部门产出实现增长；又要积极参与新型国际分工，适当延长产品全球价值链的国际部分，充分利用国外先进的中间投入品，以获取更多的贸易收益。鉴于部门上游度的提升对于制造业部门的转型升级具有重要意义，中国制造业部门还应采取措施，积极提高劳动生产率；加强人力资本的投资力度，提高熟练劳动力的就业比率，改善劳动力就业结构；着力推动自主

创新，增加研发投入，提高产品的国内增加值比例，从多个渠道促使制造业部门进一步实现全球价值链的升级。

第三，中国制造业部门要重视打造以本土市场需求为基础的国内价值链，应采取措施加强产业间的分工合作，进一步延长各类制造业产品的全球价值链长度，适当提升非加工贸易产品的出口比重。加快实施加工贸易升级战略，延长加工贸易产品全球价值链的国内部分，增强加工贸易出口对国内制造业部门产出和增加值的拉动效应。中国制造业部门在提升上游度水平的同时，也应注重向生产制造与服务贸易相融合的方向转变，积极向微笑曲线两端跃迁，从而实现制造业全球价值链分工地位的攀升。

第四，在当前全球价值链分工面临深度调整的背景下，中国应进一步扩大开放力度，持续改善营商环境，促进贸易自由化和便利化的深入发展，不断提升制造业部门参与各类全球价值链分工的质量和水平。各级政府部门应制定有效措施，继续推动国内市场的一体化建设，充分利用国内市场的规模效应和庞大内需推动制造业部门实现转型升级，通过加强国内各部门包括制造业内部各部门之间的投入产出关联，延长制造业产品国内价值链部分的长度，提高产品生产的复杂程度。

附　录

一、基于TiVA数据库的中国出口贸易增加值研究

（一）引言

随着通信技术的不断进步和运输成本的日益降低，全球价值链分工的快速发展已经成为经济全球化时代的显著特征，世界各国和地区被这种新型的国际分工模式连接起来，分别承担产品不同环节的生产与贸易，产品标签变为“世界制造”。全球价值链分工使传统的国际贸易统计面临挑战，由于传统的贸易统计方式只记录跨越国境的商品流量，而无法显示贸易的增加值，所以很容易导致一些国家在贸易政策制定过程中产生误判，例如，大量中间产品贸易导致一些国家的贸易额呈现高速增长，而实际上这些国家在全球价值链上的增加值并不高。学者们对全球价值链分工与贸易的度量问题进行了深入的研究，例如，Hummels 等（2001）、Daudin 等（2009）、Koopman 等（2011）、Johnson 等（2012）利用投入产出技术对一些国家参与全球价值链分工的程度进行衡量和解读，但是，这类研究文献所使用的投入产出表多为各国独立的投入产出表，无法反映世界各国各部

门之间的投入产出关系。近年来，一些学者开始利用世界投入产出表或国家间投入产出表，如 GTAP 数据库中的国家间投入产出表、IDE - JETRO 编制的国家间投入产出表，以及欧盟委员会资助编制的世界投入产出表等，对全球价值链分工中各国的贸易增加值问题进行研究。但是以上投入产出表多采用非官方的统计资料进行估计，缺乏权威官方机构的数据支持。为了解决这一问题，近年来 OECD 和 WTO 联合开展了增加值贸易（Trade in Value Added TiVA）的研究工作，利用公认的官方统计数据和最新的统计方法，合作开发了 1995 ~ 2011 年的世界投入产出表，并在此基础上建立 TiVA 数据库，发布了世界各国增加值贸易的数据资料，为深入研究全球价值链问题提供了合适的分析工具。

按照 OECD 和 WTO 的定义，所谓增加值贸易，是指一国出口贸易中的国内增加值部分，可以被视作一国真实的出口贸易价值，反映该国创造价值的能力。根据定义，出口产品的增加值由出口产品的总价值减去出口产品生产过程中直接或间接使用的投入品价值后得到，这种基于增加值概念的贸易统计体系有助于分析各国在全球价值链上的真实地位，从而更好地描绘世界贸易的真实图景。近年来，OECD 和 WTO 不断更新 TiVA 数据库的相关数据，更新后的数据库包含 58 个国家和地区，涵盖 37 个部门，囊括所有 OECD 国家、金砖国家以及其他经济体，以上具体国家和地区的 GDP 占世界 GDP 的 95% 以上。本部分基于世界投入产出理论，利用 TiVA 数据库对中国出口产品的增加值分布进行系统研究，为准确衡量中国制造业在全球价值链上的地位和分析其发展趋势提供理论参考。本小节接下来的内容安排如下：第二部分对世界投入产出表的基础理论进行概述，介绍出口贸易增加值的分解公式；第三部分利用 TiVA 数据库对中国出口贸易产品的增加值进行详细分解，考察其变动规律；第四部分是结论和政策启示。

（二）基于世界投入产出表的增加值分解方法

TiVA 数据库的理论基石是世界投入产出表，与单个国家的投入产出表不同，世界投入产出表可以清晰地展示各国各类最终产品的生产所需要投入的中间产品的种类、数量、来源以及所产生的增加值，而且可以反映出各国各类最终产品的具体流向和使用情况。根据增加值贸易的相关理论，一国某部门出口产品的增加值可以分解为国内增加值和国外增加值两部分，而国内增加值部分又可以分解为三个部分，即直接的国内增加值、间接的国内增加值以及进口中间品中的国内增加值。出口产品中的直接国内增加值是指本国出口需求增加之后，国内部门为了满足需求的增加而提高相应的产出，进而产生直接的价值增值。利用世界投入产出表的矩阵表示方法，我们将出口产品中直接出口的国内增加值表示如下

$$EXDDC_c = V_c EX_c \tag{A-1-1}$$

其中，$EXDDC_c$ 表示国家 c 出口产品的国内部门直接增加值，等式右边的 V_c 表示国家 c 的 $K \times K$ 维的国内增加值系数对角矩阵，EX_c 表示国家 c 的出口向量。除了该国内部门的直接增加值以外，还有国内其他部门为满足新增需求所创造的间接增加值，反映了国内各部门之间的投入产出关系，因此，国家 c 出口产品的国内部门间接增加值可以表示为

$$EXIDC_c = V_c (1 - A_c)^{-1} EX_c - EXDDC_c \tag{A-1-2}$$

其中，等式左边表示国家 c 的出口产品中所蕴含的国内部门的间接增加值，右边的 A_c 是国家 c 的投入产出系数矩阵，$(1-A_c)^{-1}$ 是国家 c 的列昂惕夫逆矩阵。$V_c(1-A_c)^{-1}EX_c$ 表示国家 c 的国内部门为了满足新增出口需求所产生的总的国内增加值，这个总的国内增加值减去国内部门的直接增加值，就得到国内部门创造的间接增加值。国内增加值还有一部分需要考虑，即出口产品在生产制造过程中可能使用进口中间产品，而进口中间产品中包含最终产品出口国的国内增加值，因此，进口中间产品的国内增加值可以表示为

$$EXRIM_c = V_c B_{c,c} EX_c - EXDDC_c - EXIDC_c \tag{A-1-3}$$

其中，$EXRIM_c$ 表示在出口产品制造过程中，进口的国外中间产品中所蕴含的 c 国的国内增加值，假设整个世界有 N 个国家，每个国家有 K 种产品，存在 $NK \times NK$ 维的列昂惕夫逆矩阵 $B = (1-A)^{-1}$，$B_{c,c}$ 是列昂惕夫逆矩阵中的 $K \times K$ 维的对角分块矩阵，表示 1 单位国家 c 的需求增加所需要的总产出。以上是出口产品的国内增加值的计算方法，而出口产品的国

外增加值可以用下式表示

$$EXFVA_{c,a} = \mu V_a B_{a,c} diag(EX_{c,a}) \quad (A-1-4)$$

其中，$EXFVA_{c,a}$是$1 \times K$的行向量，代表国家c出口产品中蕴含的贸易伙伴国家a的增加值含量。μ是$1 \times K$的单位行向量，V_a表示国家a的$K \times K$维的国内增加值系数对角矩阵，$B_{a,c}$是列昂惕夫逆矩阵的$K \times K$维对角分块矩阵，表示1单位国家c的需求增长所需的国家a的总产出。$diag(EX_{c,a})$是$K \times K$维的对角矩阵，对角线上的元素是国家c对国家a的出口。利用*TiVA*数据库，我们可以对中国出口贸易产品的增加值进行系统的分解，计算出中国出口产品的各类增加值含量和比例，分析中国出口贸易的真实水平。

（三）中国出口贸易产品的国内外增加值分解

我们利用世界投入产出表的相关理论和TiVA数据库的数据资料，对中国出口贸易产品的增加值进行分解。从附表1－1的分解结果可以看出，2005～2011年，中国出口产品的国内增加值比例在总体上呈上升趋势，出口产品的国外增加值比例在此期间则呈现下降趋势，从2005年的0.2841下降到2011年的0.2325，下降了18.16%。中国在加入WTO之后，进出口贸易有飞速发展，比较优势得到充分释放。更为重要的是，中国通过加工贸易方式迅速融入全球价值链分工体系和贸易网络中，出口产品开始蕴含较多的中间投入品。2005年以来中国制造业部门的国内生产供给能力也得到显著增强，很多国内生产的中间产品开始替代进口中间产品，从而导致出口产品的国内增加值开始上升。2009年，受美国次贷危机导致的全球经济衰退的影响，中国制造业出口产品中的国外增加值比例有所下降，但在2010年和2011年，这一比例又有所反弹。

附表1－1　中国制造业部门出口贸易的增加值分解比例

年份	直接出口的国内增加值份额	间接出口的国内增加值份额	进口投入品中的国内增加值份额	出口产品中的国外增加值份额
2005	0.2729	0.4356	0.0073	0.2841
2006	0.2737	0.4393	0.0080	0.2790

续表

年份	直接出口的国内增加值份额	间接出口的国内增加值份额	进口投入品中的国内增加值份额	出口产品中的国外增加值份额
2007	0.2682	0.4571	0.0083	0.2664
2008	0.2790	0.4676	0.0079	0.2456
2009	0.2898	0.4929	0.0070	0.2103
2010	0.2981	0.4685	0.0071	0.2263
2011	0.2927	0.4671	0.0077	0.2325

资料来源：根据 TiVA 数据库计算得到。

具体而言，从中国制造业部门出口产品的国内增加值分解比例可以看出，中国制造业部门的直接出口的国内增加值比例在 2005 ~ 2011 年不断提高，已经从 2005 年的 0.2729 提高到 2011 年的 0.2927；间接出口的国内增加值比例也呈增长趋势，从 2005 年的 0.4356 增长到 2011 年的 0.4671；而进口的中间投入品中所包含的国内增加值比例也从 2005 年的 0.0073 上升至 2011 年的 0.0077；总体来看，中国制造业部门出口贸易中的国外增加值份额呈现下降趋势，已经从 2005 年的 0.2841 下降到 2011 年的 0.2325。

从各类增加值的绝对值水平来看，2005 年中国制造业部门间接出口的国内增加值比例最高，其次是制造业部门出口产品中的国外增加值比例，排在第三位的是直接出口的国内增加值比例，排在最后的是进口的中间投入品中蕴含的国内增加值比例。到 2011 年，这个增加值排序没有太大变化，中国制造业部门间接出口的国内增加值比例依然最高，直接出口的国内增加值比例排到了第二位，说明中国制造业出口产品中的国内含量在总增加值中的比例不断提高，很多部门通过间接出口国内增加值的形式来向全球市场提供产品，表明制造业部门整体参与全球价值链分工的方式有所改变。以前我们可能比较关注直接参与出口的制造业部门，但增加值分解的数据表明，间接出口的国内增加值在中国制造业出口产品中的总增加值中占有最大的份额，说明中国出口产品中的国内增加值在很大程度上也与国内相关部门的大力支持分不开。实际上，某一部门的出口贸易并不是该部门独立完成的，出口产品的增加值蕴含国内其他部门的贡献，特别是生产性服务部门的贡献不容忽视。同时我们看到，2005～2011年中国制造业部门出口产品中所蕴含的国外增加值存在下降趋势，从侧面表明中国制造业部门在相关零部件和中间产品的投入生产方面取得了重要的进步，很多国产中间产品替代进口的中间产品，由此导致制造业部门出口产品的国外增加值出现下降。为了更加详细地分析中国制造业部门出口产品的增加值分布情况，我们利用2005年和2011年细分的制造业部门数据，对各部门出口产品的增加值比例进行测算，具体结果如附表1－2所示。

附表1－2　中国制造业部门出口产品的增加值分解

部门名称	国内部门的直接增加值		国内部门的间接增加值		进口中间品的国内增加值		国外部门的增加值	
	2005年	2011年	2005年	2011年	2005年	2011年	2005年	2011年
食品、饮料和烟草	0.3047	0.3280	0.5959	0.5677	0.0010	0.0013	0.0984	0.1029
纺织品和皮革制品	0.3672	0.4220	0.4543	0.4433	0.0037	0.0035	0.1748	0.1312
木材、木材制品和软木	0.3119	0.3193	0.4975	0.5128	0.0020	0.0026	0.1886	0.1653
纸制品和印刷	0.2707	0.3535	0.5085	0.4755	0.0026	0.0029	0.2182	0.1681
焦炭和精炼石油产品	0.2175	0.1824	0.4439	0.3906	0.0022	0.0032	0.3364	0.4238
化学品和药品	0.3688	0.3799	0.3906	0.4028	0.0030	0.0035	0.2375	0.2138
橡胶和塑料产品	0.2392	0.2478	0.4932	0.5250	0.0039	0.0045	0.2637	0.2227
其他非金属矿产品	0.3645	0.3741	0.4630	0.4638	0.0021	0.0024	0.1703	0.1596
基本金属	0.2885	0.2815	0.4695	0.4421	0.0031	0.0033	0.2389	0.2732
金属制成品	0.2714	0.2579	0.4877	0.5183	0.0041	0.0036	0.2367	0.2201
计算机、电子和光学设备	0.1926	0.1982	0.3608	0.4488	0.0153	0.0182	0.4313	0.3348
电气机械	0.2102	0.2080	0.4929	0.5302	0.0063	0.0066	0.2906	0.2552
其他机械和设备	0.2970	0.2966	0.4493	0.4868	0.0048	0.0047	0.2489	0.2118
机动车、拖车和半拖车	0.3460	0.3067	0.4296	0.4811	0.0042	0.0049	0.2202	0.2073
其他运输设备	0.2386	0.2976	0.4891	0.4958	0.0047	0.0044	0.2675	0.2021
其他制造业、机械设备的修理和安装	0.2989	0.3873	0.4859	0.4494	0.0035	0.0033	0.2117	0.1601

资料来源：根据TiVA数据库计算得到。

可以看出，2005～2011年，中国大部分制造业部门的直接出口的国内增加值比例都在上升，一些部门的上升幅度很大，例如纸制品和印刷部门，其他制造业、机械设备的修理和安装部门，其他运输设备部门等，说明这些部门国内增加值的直接出口能力得到提升，这是由部门特性决定的。2005～2011年，中国大部分制造业部门出口产品中的间接国内增加值比例也得到提升，例如计算机、电子和光学设备部门2005年间接出口的国内增加值比例为36.08%，2011年该比例上升到44.88%，增长了8.8%。我们把2005年与2011年的数据进行对比后可以发现，除了食品、饮料和烟草制造业以及基本金属制造业以外，其他所有部门出口产品中的国外增加值比例都出现下降，表明这些部门出口产品中的国内增加值比例得到提升，制造业部门创造国内增加值的能力得到增强。当然，国外增加值在一些部门出口产品的生产过程中依然扮演重要的角色，例如焦炭和精炼石油产品制造业，计算机、电子和光学设备制造业出口产品的国外增加值比例在2011年仍分别高达42.38%和33.48%，表明这几个部门参与全球价值链分工的程度仍然很高，出口产品包含较高比例的进口中间产品，对国外高质量的投入品存在较多需求。

（四）结论和政策启示

我们利用OECD开发的TiVA数据库对中国制造业部门出口产品的各类增加值进行分解研究，测算中国制造业部门出口贸易的国内外增加值比例，发现2005～2011年中国制造业部门出口产品的国内增加值在上升，国外含量出现下降趋势。我们把中国制造业部门出口产品的增加值分解为直接出口的国内增加值、间接出口的国内增加值、进口投入品中的国内增加值以及出口产品所包含的国外增加值四部分，研究各部分增加值的变动情况，发现间接出口的国内增加值比例不断提高，直接出口的国内增加值也有增长，表明中国制造业部门创造国内增加值的能力在不断提高。本部分的政策启示是：第一，在当前全球价值链分工蓬勃发展的背景下，中国制造业部门应当积极适应这种新型国际分工的发展要求，积极参与全球价值链分工，加强对先进中间投入品的进口，获取更多的全球化收益。第二，中国制造业部门应当继续加强自主研发，创造新的比较优势和竞争优势，不断提高出口产品的国内增加值，实现全球价值链的跃升。第三，中国政府要大力推动国内服务业部门特别是生产性服务业部门的发展，有效支持制造业部门参与全球价值链竞争。

二、中国制造业产品服务增加值的测算及其产出效应分析

随着通信技术的不断进步和运输成本的日益下降，贸易投资自由化所推动的全球价值链分工日趋深化，制造业产品生产被分割成不同的环节配置到生产技术和资源禀赋不同的国家和地区，与此同时，服务业部门在制造业产品全球价值链中的重要作用日益凸显。近年来，主要发达国家面对国内经济增长放缓的情况，提出各种增强制造业国际竞争力的发展战略。例如，美国提出重振制造业的再工业化战略，德国提出工业 4.0 战略。美欧实施的所谓新工业化战略就是希望在具备较强竞争力和科技含量的高技术制造业上占领先机，而这种高技术制造业的发展离不开现代服务业的综合支撑和配套。目前，中国制造业产值占世界制造业产值的比例超过 1/4，但是，与发达国家相比，中国依然处于制造业全球价值链的中低端环节。在面临日益激烈的国际市场竞争的同时，国内的劳动力成本优势正在逐渐减弱，人民币逐步升值，经济增长速度放缓，结构调整任务艰巨。我们认为，提高中国制造业部门产品的服务含量是增强制造业国际竞争力、提升全球价值链分工地位、提高货物贸易的附加值和外贸综合效益的有效途径。

实际上，提升制造业产品的服务含量与当今制造业的服务化发展趋势

密切相关。Vandermerwe 等（1989）较早地研究了制造业服务化的趋势，对制造业服务化的概念、演进、动力和效果进行了系统分析。Szalavetz（2003）指出制造业服务化具有投入服务化和产出服务化双层含义，即制造业产品中间投入的服务投入比例越来越高，最终产品中的服务业增加值不断提高。Falk 等（2011）利用投入产出技术对欧洲 18 个国家的制造业服务产出密度进行了实证分析，发现很多国家制造业的服务产出密度不断提高。刘继国（2008）研究了影响制造业企业投入服务化的主要因素，发现制造业企业投入服务化可以提升企业的生产效率和创新效率。杨玉英（2013）发现，制造业对生产性服务的有效需求水平很高，对包括研发、邮政、租赁和商务服务、交通运输及仓储、金融、综合技术服务、信息传输、计算机服务和软件业在内的生产性服务需求较大。郭怀英（2010）从理论上指出，服务在中国制造业产品价值链中的比例不断提升，制造业服务化已经成为国内制造业发展的重要趋势。

近年来，国内外研究者对全球价值链和增加值贸易问题进行了理论和实证研究，例如，Johnson 和 Guillermo（2012）、Koopman 等（2012）、Timmer 等（2014）利用国际投入产出表或世界投入产出表等工具研究了多个国家包括中国在内的增加值贸易规模及其结构特征。廖泽芳（2013）利用世界投入产出表计算了 2009 年中国总出口和分行业的附加值构成，发现服务附加值占欧美等发达国家出口的一半以上，中国这一比重低于所有发达国家和其他金砖国家，但该文献没有对中国制造业各部门的服务增加值进行分年度测算，因此得出的结论较为有限。黄群慧等（2014）利用 1995～2009 年主要制造业国家的供给表数据，构造了制造业服务化系数，对全球制造业服务化水平进行了实证分析，但是他们并没有对制造业各部门产品的服务增加值进行系统测算和分解。邓军（2014）利用 TiVA 数据库，对中国的增加值贸易进行了计算，发现制造业出口额中包含较大比例的服务增加值，但是该文献没有对中国各年的制造业出口产品服务增加值进行详细计算，也没有就服务增加值对制造业生产率和产出的影响进行实证研究。

总体来看，国内外学者围绕制造业部门投入服务化和产出服务化问题进行了较多的理论和经验研究，但是系统测算 1995 ~ 2011 年中国制造业产品中的国内外服务增加值比例，进而分析制造业产品的服务含量对部门生产率和产出影响的实证文献还较少。本部分利用 1995 ~ 2011 年世界投入产出表，从全球价值链分工的视角对中国制造业部门产品的服务增加值比例进行测算和分解，并通过估计中国制造业部门的生产函数，考察国内外服务含量对制造业产出的影响效应。

（一）基于世界投入产出表的制造业产品服务增加值测算方法

1. 世界投入产出表简介及其框架结构

在欧盟委员会的资助下，由荷兰格罗宁根大学和其他研究机构组成的研究团队发布了 1995 ~ 2011 年的 17 张世界投入产出表，为研究各国制造业部门产品的增加值结构提供了很好的分析工具。世界投入产出表包含 41 个国家和地区，涵盖 35 个部门，能够清晰地展示各国各部门之间的投入产出关系。

2. 制造业产品服务增加值比例的定义和计算方法

制造业产品的服务增加值比例是指制造业产品中国内外服务业部门所贡献的增加值在产品总价值中的份额。在全球价值链分工和服务业日益发达的今天，制造业产品的生产需要来自国内外的各种中间投入品，其中包括国内外服务业部门提供的各类中间产品，如研发、营销、物流以及售后服务等。如果世界市场对某国某制造业部门产品增加 1 单位需求，这一新增需求会拉动国内外为该产品提供中间产品的服务业部门的产出，进而形成各服务业部门的增加值。如果把这些国内外服务业部门贡献的增加值加总起来，即为该制造业部门产品的服务增加值比例。如果这一比例较高，则表明该产品的服务化水平较高。

借鉴 Timmer（2012）的方法，假设整个世界有 N 个国家，每个国家有 S 个部门、F 种生产要素，每个部门只生产一种产品，这样整个世界共有 SN 种产品。我们用 i 表示来源国，用 j 表示目的国，用 s 代表来源国部门，用 t 代表目的国部门，则产品市场的出清条件为

$$y_i(s) = \sum_j f_{ij}(s) + \sum_j \sum_t m_{ij}(s,t) \quad (A-2-1)$$

其中，$y_i(s)$表示i国s部门的产出价值，$f_{ij}(s)$表示j国对i国s部门产品的最终使用价值，$m_{ij}(s, t)$表示j国t部门对i国s部门产品的中间使用价值。利用矩阵代数，SN种产品的市场出清条件构成一个世界投入产出系统，令y为$SN\times1$的包含世界各国各部门产出的列向量，f为$SN\times1$的对各国各部门产品的世界最终需求向量。令世界投入产出系数矩阵为A，其中的元素$a_{ij}(s, t)=m_{ij}(s, t)/y_j(t)$描绘$i$国$s$部门的产品作为$j$国$t$部门的中间投入在$j$国$t$部门总产出中的比重。这样，整个世界市场的出清条件可以写作$y=Ay+f$，进一步得到世界投入产出的恒等式$y=(I-A)^{-1}f$，其中，I是$SN\times SN$的单位矩阵，$(I-A)^{-1}$为世界列昂惕夫逆矩阵，其中的第m行第n列元素表示生产1单位价值的最终产品n所需要的m部门产品的产出价值。从产品全球价值链的角度来看，如果要得到某国某产品的增加值分布，我们需要把该产品的最终需求价值转化为各国各部门通过直接和间接参与此最终产品的生产过程而产生的增加值。为此，我们定义$p_i(s)$为i国s部门的增加值系数，即i国生产单位产品s的增加值，然后构建$SN\times1$的增加值系数向量p，通过世界列昂惕夫逆矩阵，我们可以得到为满足最终需求向量f而产生的增加值向量v，即

$$v=\hat{p}(I-A)^{-1}f \quad (A-2-2)$$

其中，$\hat{p}$为增加值系数对角矩阵，该矩阵对角线上的元素与向量p的元素相同。实际上，用$\hat{p}(I-A)^{-1}$左乘任意最终需求向量，就可以得到世界各国各部门贡献的增加值。因此，利用世界投入产出表，我们可以把世界任何国家任何部门产品的增加值分布计算出来，当然也可以将制造业部门产品生产过程中服务业所贡献的增加值比例计算出来。下面，我们利用世界投入产出表对中国制造业部门产品的服务增加值比例进行计算和分解。

（二）中国制造业产品的服务增加值比例及其内部分解

1. 中国制造业部门产品的服务增加值比例

根据附图2-1可以发现，1995~2011年大部分制造业部门产品的服

务增加值比例都经历了增长过程，特别是2005年以后，服务增加值比例呈现快速上升趋势，但2009年由于受国际金融危机和经济衰退的影响，作为提供较多服务增加值的金融业、运输业等部门受冲击较大，因此绝大部分制造业部门产品的服务增加值比例都出现不同程度的下滑。从具体部门来看，服务增加值比例增幅较大的行业有运输设备，食品、饮料和烟草，电气和光学设备等产品制造业，1995～2011年分别增长了27.84%、20.47%和17.11%；降幅较大的部门有其他制造业和回收业，皮革、皮革制品和鞋类，基本金属和金属制品等制造业，1995～2011年分别下降了15.01%、13.26%和8.3%。

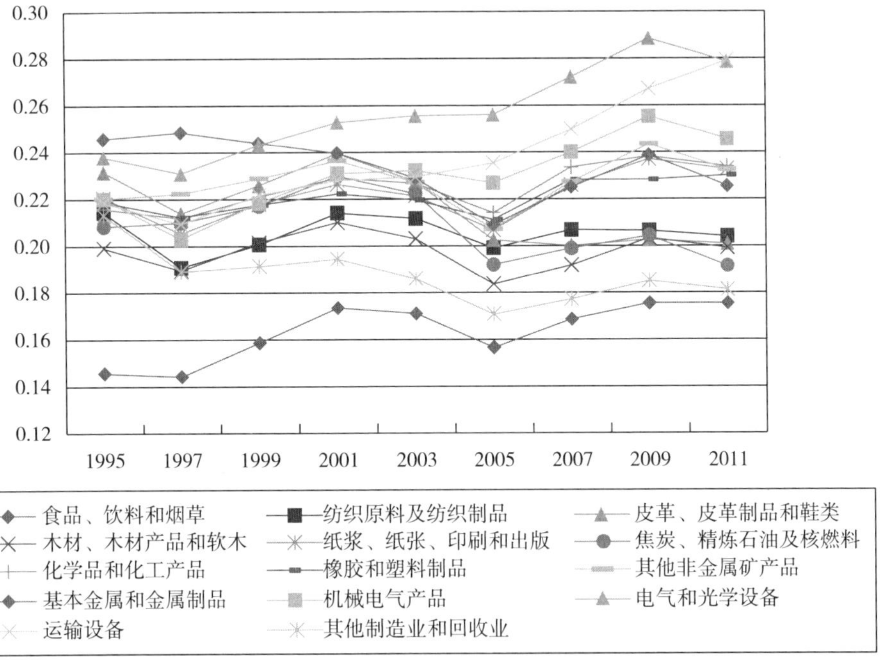

附图2－1　1995～2011年中国制造业部门产品的服务增加值比例的变动

资料来源：根据世界投入产出表计算得到。

从附表2－1所列的制造业部门服务增加值比例的绝对值水平来看，

1995 年服务增加值比例较高的产品有基本金属和金属制品，电气和光学设备以及皮革、皮革制品和鞋类，分别为 0.2459、0.2379 和 0.2316；2011 年服务增加值比例较高的行业变为运输设备、电气和光学设备、机械电气产品，其服务增加值比例分别为 0.2792、0.2786 和 0.2455。1995 年，食品、饮料和烟草，木材、木材产品和软木，焦炭、精炼石油及核燃料产品的服务增加值比例较低，到 2011 年，服务增加值比例较低的部门有食品、饮料和烟草，其他制造业和回收业，以及焦炭、精炼石油及核燃料，其服务增加值比例分别为 0.1754、0.1812 和 0.1914。

附表 2-1　1995~2011 年中国制造业部门产品的服务增加值比例

部门名称＼年份	1995	1997	1999	2001	2003	2005	2007	2009	2011
食品、饮料和烟草	0.1456	0.1443	0.1586	0.1735	0.1710	0.1565	0.1686	0.1754	0.1754
纺织原料及纺织制品	0.2144	0.1909	0.2006	0.2141	0.2117	0.1991	0.2068	0.2065	0.2040
皮革、皮革制品和鞋类	0.2316	0.2140	0.2259	0.2395	0.2274	0.2025	0.2001	0.2026	0.2009
木材、木材产品和软木	0.1991	0.1895	0.2015	0.2101	0.2031	0.1836	0.1918	0.2033	0.1991
纸浆、纸张、印刷和出版	0.2206	0.2054	0.2180	0.2263	0.2213	0.2069	0.2259	0.2370	0.2326
焦炭、精炼石油及核燃料	0.2083	0.2100	0.2170	0.2298	0.2223	0.1920	0.1989	0.2043	0.1914
化学品和化工产品	0.2159	0.2119	0.2210	0.2291	0.2267	0.2141	0.2335	0.2382	0.2338
橡胶和塑料制品	0.2188	0.2123	0.2176	0.2223	0.2196	0.2112	0.2282	0.2282	0.2300
其他非金属矿产品	0.2202	0.2224	0.2288	0.2364	0.2272	0.2072	0.2273	0.2434	0.2325
基本金属和金属制品	0.2459	0.2486	0.2440	0.2397	0.2289	0.2090	0.2250	0.2386	0.2255
机械电气产品	0.2201	0.2030	0.2184	0.2310	0.2322	0.2268	0.2400	0.2553	0.2455
电气和光学设备	0.2379	0.2309	0.2432	0.2529	0.2557	0.2561	0.2721	0.2886	0.2786
运输设备	0.2184	0.2095	0.2217	0.2279	0.2294	0.2353	0.2498	0.2672	0.2792
其他制造业和回收业	0.2132	0.1891	0.1914	0.1945	0.1859	0.1707	0.1772	0.1850	0.1812

资料来源：根据世界投入产出表计算得到。

2. 中国制造业部门产品的国内服务增加值比例

我们利用世界投入产出表，将制造业部门产品的服务增加值分解为国内服务增加值和国外服务增加值，并分别研究这两部分服务增加值比例的变化特征和发展趋势。从附表 2 - 2 可以看出，1995 ~ 2011 年中国制造业部门产品的国内服务增加值比例波动较大。在 1995 ~ 2001 年，国内服务增加值比例呈现增长趋势，但在 2001 ~ 2005 年转为下降态势，而在 2005 ~ 2009 年国内服务增加值比例又恢复了增长，但受国际金融危机和全球经济衰退的影响，在 2009 ~ 2011 年又出现较为明显的下滑。从国内服务增加值比例的增幅来看，食品、饮料和烟草，电气和光学设备，运输设备的国内服务增加值比例在 1995 ~ 2011 年增长较多，分别达 19.73%、13.9% 和 13.62%，而炼焦、精炼石油及核燃料，基本金属和金属制品，其他制造业和回收业则分别下降了 38.03%、19.98% 和 17.76%。从绝对值水平来看，2011 年排在前列的行业有电气和光学设备、运输设备、其他非金属矿产品等，其国内服务增加值比例分别为 0.1959、0.1936 和 0.1871；焦炭、精炼石油及核燃料，其他制造业和回收业以及食品、饮料和烟草的国内服务增加值比例分别为 0.0955、0.138 和 0.1438，由于这些部门主要依赖物质型中间投入品进行生产，对服务型中间投入品需求较少，因此这些产品的国内服务增加值比例较低。

附表 2 - 2 1995 ~ 2011 年中国制造业部门产品的国内服务增加值比例

部门名称 \ 年份	1995	1997	1999	2001	2003	2005	2007	2009	2011
食品、饮料和烟草	0.1201	0.1233	0.1380	0.1492	0.1399	0.1222	0.1342	0.1464	0.1438
纺织原料及纺织制品	0.1634	0.1462	0.1527	0.1602	0.1508	0.1384	0.1539	0.1668	0.1618
皮革、皮革制品和鞋类	0.1739	0.1677	0.1776	0.1846	0.1664	0.1426	0.1482	0.1621	0.1591
木材、木材产品和软木	0.1544	0.1577	0.1682	0.1740	0.1585	0.1351	0.1435	0.1658	0.1560
纸浆、纸张、印刷和出版	0.1772	0.1689	0.1799	0.1847	0.1698	0.1481	0.1605	0.1829	0.1726

续表

部门名称＼年份	1995	1997	1999	2001	2003	2005	2007	2009	2011
焦炭、精炼石油及核燃料	0.1541	0.1575	0.1733	0.1669	0.1414	0.1039	0.1067	0.1286	0.0955
化学品和化工产品	0.1707	0.1693	0.1775	0.1783	0.1626	0.1435	0.1631	0.1890	0.1715
橡胶和塑料制品	0.1671	0.1637	0.1691	0.1696	0.1539	0.1373	0.1555	0.1804	0.1680
其他非金属矿产品	0.1869	0.1921	0.1992	0.2012	0.1822	0.1580	0.1769	0.2031	0.1871
基本金属和金属制品	0.2007	0.2080	0.2046	0.1926	0.1681	0.1423	0.1564	0.1809	0.1606
机械电气产品	0.1755	0.1610	0.1782	0.1819	0.1681	0.1520	0.1663	0.1991	0.1819
电气和光学设备	0.1720	0.1716	0.1770	0.1701	0.1523	0.1442	0.1685	0.2072	0.1959
运输设备	0.1704	0.1641	0.1794	0.1784	0.1636	0.1599	0.1761	0.2090	0.1936
其他制造业和回收业	0.1678	0.1543	0.1561	0.1558	0.1396	0.1214	0.1287	0.1459	0.1380

资料来源：根据世界投入产出表计算得到。

3. 中国制造业部门产品的国外服务增加值比例

附表2－3列出了1995～2011年中国制造业部门产品的国外服务增加值比例。我们发现，随着中国制造业部门参与全球价值链分工的程度日益深化，产品的国外服务增加值比例也日益提高。从发展趋势来看，绝大部分部门产品的国外服务增加值比例都呈增长态势，特别是2001年中国加入WTO以后，制造业产品的国外服务增加值比例增长很快，虽然在2007～2009年出现一定程度的下滑，但很快又恢复了增长态势。从制造业产品国外服务增加值比例的增长幅度来看，平均增幅高于国内服务增加值。1995～2011年国外服务含量增幅较大的部门有运输设备，焦炭、精炼石油及核燃料，基本金属和金属制品等，分别增长了78.33%、76.94%和43.58%。国外服务增加值比例下降幅度较大的部门有皮革、皮革制品和鞋类，纺织原料及纺织制品，其他制造业和回收业，同期分别下降了27.56%、17.26%和4.85%。从国外服务增加值比例的绝对值水平来看，2011年，焦炭、精炼石油及核燃料，运输设备，电气和光学设备产品的国外服务增加值比例较高，分别达到0.0959、0.0856和0.0827，以上部门也是参与全球价值链分工程度较高的部门；而国外服务增加值比例较低的有食品、饮料和烟草，皮革、皮革制品和鞋类，纺织原料及纺织制品。

附表 2-3　1995~2011 年中国制造业部门产品的国外服务增加值比例

部门名称＼年份	1995	1997	1999	2001	2003	2005	2007	2009	2011
食品、饮料和烟草	0.0255	0.0210	0.0206	0.0243	0.0311	0.0343	0.0344	0.0290	0.0316
纺织原料及纺织制品	0.0510	0.0447	0.0479	0.0539	0.0609	0.0607	0.0529	0.0397	0.0422
皮革、皮革制品和鞋类	0.0577	0.0463	0.0483	0.0549	0.0610	0.0599	0.0519	0.0405	0.0418
木材、木材产品和软木	0.0447	0.0318	0.0333	0.0361	0.0446	0.0485	0.0483	0.0375	0.0431
纸浆、纸张、印刷和出版	0.0434	0.0365	0.0381	0.0416	0.0515	0.0588	0.0654	0.0541	0.0600
焦炭、精炼石油及核燃料	0.0542	0.0525	0.0437	0.0629	0.0809	0.0881	0.0922	0.0757	0.0959
化学品和化工产品	0.0452	0.0426	0.0435	0.0508	0.0641	0.0706	0.0704	0.0492	0.0623
橡胶和塑料制品	0.0517	0.0486	0.0485	0.0527	0.0657	0.0739	0.0727	0.0478	0.0620
其他非金属矿产品	0.0333	0.0303	0.0296	0.0352	0.0450	0.0492	0.0504	0.0403	0.0454
基本金属和金属制品	0.0452	0.0406	0.0394	0.0471	0.0608	0.0667	0.0686	0.0577	0.0649
机械电气产品	0.0446	0.0420	0.0402	0.0491	0.0641	0.0748	0.0737	0.0562	0.0636
电气和光学设备	0.0659	0.0593	0.0662	0.0828	0.1034	0.1119	0.1036	0.0814	0.0827
运输设备	0.0480	0.0454	0.0423	0.0495	0.0658	0.0754	0.0737	0.0582	0.0856
其他制造业和回收业	0.0454	0.0348	0.0353	0.0387	0.0463	0.0493	0.0485	0.0391	0.0432

资料来源：根据世界投入产出表计算得到。

为详细分析中国制造业部门产品的国内服务增加值比例，我们以电气和光学设备制造业为例，对其产品的国内服务增加值来源进行分解，具体结果如附表 2-4 所示。1995 年，国内的批发贸易和经纪贸易、金融业和内陆运输业对电气和光学设备制造业产品贡献的增加值比例较高，分别为 0.0483、0.0400 和 0.0241，到 2011 年，贡献增加值较高的服务业部门分别是批发贸易和经纪贸易、金融业和设备租赁及其他业务部门，所占比例分别为0.0467、0.0382和0.0258，反映出金融和设备租赁服务在电气和光学设备产品生产中的重要性。总体来看，国内服务业部门在1995～2011年对电气和光学设备产品贡献的增加值低于我们的预期，产品的国内服务含量还有较大的提升空间。

附表2－4　1995～2011年中国各服务业部门在电气和光学设备中贡献的增加值比例

部门名称＼年份	1995	1997	1999	2001	2003	2005	2007	2009	2011
批发贸易和经纪贸易	0.0483	0.0456	0.0492	0.0460	0.0383	0.0219	0.0371	0.0476	0.0467
零售业；家庭用品维修业	0.0100	0.0094	0.0102	0.0095	0.0079	0.0169	0.0076	0.0098	0.0096
餐饮业	0.0070	0.0093	0.0084	0.0071	0.0066	0.0066	0.0069	0.0084	0.0080
内陆运输	0.0241	0.0265	0.0261	0.0242	0.0189	0.0172	0.0175	0.0185	0.0177
水路运输	0.0012	0.0013	0.0055	0.0091	0.0078	0.0065	0.0057	0.0066	0.0063
航空运输	0.0013	0.0013	0.0020	0.0022	0.0014	0.0006	0.0007	0.0009	0.0008
其他辅助运输；旅行社业务	0.0038	0.0041	0.0027	0.0011	0.0011	0.0020	0.0024	0.0024	0.0023
邮电业	0.0053	0.0073	0.0094	0.0112	0.0108	0.0101	0.0103	0.0121	0.0119
金融业	0.0400	0.0344	0.0301	0.0258	0.0223	0.0204	0.0312	0.0410	0.0382
房地产业	0.0135	0.0103	0.0080	0.0067	0.0065	0.0069	0.0099	0.0121	0.0119
设备租赁及其他业务	0.0093	0.0123	0.0145	0.0156	0.0181	0.0208	0.0230	0.0292	0.0258
公共行政和国防义务社会保障	0.0000	0.0000	0.0000	0.0000	0.0001	0.0002	0.0002	0.0004	0.0003
教育	0.0011	0.0015	0.0013	0.0011	0.0011	0.0012	0.0013	0.0019	0.0014
卫生与社会工作	0.0002	0.0003	0.0005	0.0006	0.0010	0.0015	0.0017	0.0024	0.0019
其他社区社会和私人服务业	0.0031	0.0038	0.0048	0.0051	0.0050	0.0054	0.0063	0.0081	0.0071

资料来源：根据世界投入产出表计算得到。

我们利用世界投入产出表，对电气和光学设备产品的外部服务增加值按照来源地进行了分解。从附表 2-5 可以看出，大部分国家和地区贡献的服务增加值比例在 1995~2011 年都有所增长。2011 年，来自美国、其他经济体、日本、中国台湾、德国的服务业增加值较高，表明这些经济体在中国大陆电气和光学设备产品的生产过程中提供了较多的服务业中间产品，也说明中国大陆电气和光学设备的全球价值链离不开这些经济体服务业部门的参与。

附表 2-5 1995 年和 2011 年中国大陆电气和光学设备产品的外部服务增加值比例

经济体	1995 年	2011 年	经济体	1995 年	2011 年
澳大利亚	0.001762	0.003728	意大利	0.001446	0.001914
奥地利	0.000305	0.000831	日本	0.017242	0.011186
比利时	0.000724	0.000964	韩国	0.004313	0.005331
保加利亚	0.000012	0.000043	立陶宛	0.000007	0.000035
巴西	0.000384	0.001372	卢森堡	0.000103	0.000196
加拿大	0.001252	0.001425	拉脱维亚	0.000008	0.000027
塞浦路斯	0.000008	0.000017	墨西哥	0.000239	0.000662
捷克	0.000058	0.000178	马耳他	0.000016	0.000041
德国	0.003217	0.005784	荷兰	0.001035	0.001722
丹麦	0.000230	0.000408	波兰	0.000084	0.000357
西班牙	0.000622	0.000575	葡萄牙	0.000218	0.000097
爱沙尼亚	0.000004	0.000027	罗马尼亚	0.000080	0.000099
芬兰	0.000228	0.000579	俄罗斯	0.000888	0.002996
法国	0.001769	0.002848	斯洛伐克	0.000022	0.000066
英国	0.002636	0.002190	斯洛文尼亚	0.000017	0.000040
希腊	0.000036	0.000203	瑞典	0.000529	0.001317
匈牙利	0.000052	0.000211	土耳其	0.000162	0.000303
印度尼西亚	0.000736	0.000490	中国台湾	0.006428	0.010690
印度	0.000259	0.001025	美国	0.012845	0.014550
以色列	0.000118	0.000423	其他经济体	0.009728	0.013530

资料来源：根据世界投入产出表计算得到。

（三）中国制造业产品的服务含量对制造业生产率和产出的影响

1. 制造业产品的服务含量对制造业生产率和产出的影响机制

制造业产品中的服务增加值对于提升制造业部门的全要素生产率和产出水平具有重要的意义，其影响机制可以归纳为以下几个方面：第一，随着制造业和服务业的融合发展，各类服务活动特别是生产性服务活动已经构成现代制造业产品生产过程的主线。在产品的上游阶段，市场调研、产品研发设计等重要的生产性服务活动是制造业产品顺利生产的基础；在产品的中游阶段，零部件和中间产品的采购服务、仓储物流服务对于顺利完成产品生产、降低成本起保障作用；在产品的下游阶段，营销活动、售后服务等已构成现代制造业企业经营不可或缺的重要环节。另外，制造业产品生产过程中涉及的金融、保险、咨询等服务，已经成为制造业产品服务化的重要手段。可以说，制造业企业生产率和产出水平的提升，离不开产品价值链中所涉及的各类服务活动。第二，制造业产品“微笑曲线”的两端是以研发、销售、物流、售后服务等为主要内容的生产性服务，这些服务活动提供的增加值较高，制造业产品增加值含量的逐步提升离不开这些高附加值服务活动的贡献，而且这些环节是提高效率、扩大产能的重要活动，例如，研发活动是提高制造业生产率的直接手段和主要渠道。第三，随着全球价值链分工的深入发展，制造业产品在生产过程中也会用到越来越多的国外服务中间产品，Gorg 和 Hanley（2003）发现，与实物中间品外包相比，服务外包能更显著地促进制造业生产率的提高，因此源自国外的服务产品可能会通过技术外溢效应、竞争效应提升中国制造业部门的生产率和产出水平，对于提高制造业部门产品的国际竞争力具有重要的作用。

2. 模型设置和数据来源

我们采用 1995 ~2011 年中国制造业部门的面板数据对各部门的生产函数进行估计，研究制造业产品的服务含量对制造业生产率和产出的影响。假设制造业部门的生产函数为 Cobb – Douglas 形式

$$Y_{it} = A_{it}K_{it}^{\beta_1}L_{it}^{\beta_2} \qquad (A-2-3)$$

其中，Y_{it}代表 i 部门在 t 年的产出，A_{it}表示 i 部门在 t 年的全要素生产率，K_{it}代表 i 部门在 t 年的资本存量，L_{it}表示 i 部门在 t 年的劳动力数量，β_1 和 β_2 表示资本和劳动的产出弹性。我们对上述生产函数取自然对数得到

$$\log Y_{it} = \log A_{it} + \beta_1 \log K_{it} + \beta_2 \log L_{it} \qquad (A-2-4)$$

借鉴 Frank 等（2007）的方法，假设制造业部门的服务化水平是影响制造业部门全要素生产率的主要因素，假定全要素生产率

$$A_{it} = DS_{it}^{\beta_3} FS_{it}^{\beta_4} \qquad (A-2-5)$$

其中，DS_{it}表示第 t 年 i 部门产品的国内服务增加值比例，FS_{it}表示第 t 年 i 部门产品的国外服务增加值比例。我们对全要素生产率表达式两边取自然对数得到 $\log A_{it} = \beta_3 \log DS_{it} + \beta_4 \log FS_{it}$，然后将其代入式（$A-2-4$），并加入常数项 β_0、随机扰动项 ε_{it}、部门固定效应 d_i 以及时间固定效应 λ_t，用来控制不可观测的部门和时间因素影响，最终得到我们需要估计的回归方程

$$\log Y_{it} = \beta_0 + \beta_1 \log K_{it} + \beta_2 \log L_{it} + \beta_3 \log DS_{it} + \beta_4 \log FS_{it} + d_i + \lambda_t + \varepsilon_{it} \qquad (A-2-6)$$

通过估计这个方程，可以分析制造业产品国内外服务含量对制造业全要素生产率和产出的影响。所有变量数据均来自于欧盟委员会资助开发的世界投入产出数据库。1995～2011 年，中国制造业各部门的产出、资本存量、劳动力投入均来自世界投入产出数据库中的社会经济统计账户。

3. 模型估计结果分析

我们逐次加入解释变量，得到四个模型的回归结果，如附表 2－6 所示。由模型 4 可知，资本存量 log(K) 和劳动力数量 log(L) 的回归系数为正，且都通过 1% 的显著性水平检验，说明资本存量和劳动力投入增加会提高制造业部门的产出水平。我们发现，制造业产品的国内服务增加值比例 log(DS) 的回归系数为正，且通过 1% 的显著性水平检验，表明制造业产品的国内服务增加值能够显著提升制造业部门的全要素生产率水平，进而提高制造业部门的产出水平。与发达国家的经验研究结果相一致，制造业部门产品的国内服务化水平对于制造业部门的效率提升和规模增长具有重要的促进作用。同样我们也发现，制造业产品的国外服务增加值比例 log

（FS）的回归系数显著为正，而且在绝对值上要大于国内服务增加值比例的系数水平，说明来自国外的中间服务产品很可能对制造业部门产生技术外溢效果，从而促进中国制造业部门全要素生产率水平的提升和产出规模的扩大。需要指出的是，我们前面对中国制造业部门的国内服务增加值比例进行计算，发现制造业部门的国内服务增加值比例虽然在1995～2009年有所增长，但存在波动且水平较低。制造业部门产品的国外服务含量比例虽然增幅大于国内服务含量，但是绝对值水平也比较低。我们的研究结论与顾国达和周蕾（2010）的分析结果相一致，近年来中国生产性服务业虽然发展较快，但制造业部门的服务业中间投入率水平仍然不高。

附表2－6　中国制造业产品国内外服务含量对制造业产出水平的影响

解释变量	模型1	模型2	模型3	模型4
log(K)	0.8379*** (0.0667)	0.9281*** (0.1009)	0.7230*** (0.0799)	0.8221*** (0.0903)
log(L)	0.2289*** (0.0442)	0.2013*** (0.0401)	0.2740*** (0.0415)	0.2443*** (0.0383)
log(DS)		0.3909*** (0.1401)		0.4567*** (0.1141)
log(FS)			0.4929*** (0.1124)	0.5198*** (0.0979)
常数项	2.3792*** (1.0210)	2.3034** (1.2445)	4.7646*** (1.1616)	4.8064*** (1.1045)
部门固定效应	有	有	有	有
时间固定效应	有	有	有	有
调整的R^2	0.9859	0.9865	0.9881	0.9889

注：***表示通过1%的显著性水平检验，**表示通过5%的显著性水平检验。括号内为标准差。

（四）结论和政策启示

1. 研究的初步结论

本部分利用世界投入产出表，对1995～2011年中国制造业部门产品的服务增加值比例进行计算和分解，并对服务业增加值的产出效应进行实证研究，得到以下初步结论。

首先，从总体上看，1995～2001年中国大部分制造业部门产品的服务增加值比例都经历了增长过程，一些部门产品的服务含量逐年提高，例如运输设备、电气和光学设备产品的服务含量增幅较大，说明服务业部门在中国制造业部门产品的生产过程中发挥了不可忽视的作用，制造业部门的服务化特征比较显著。其次，从制造业部门产品的国内服务增加值比例的变动特征来看，1995～2001年该比例呈增长趋势，2001～2005年转为下降态势，2005～2009年又恢复增长，但受国际金融危机和世界经济衰退的影响，制造业部门产品的国内服务增加值比例在2009～2011年出现较为明显的下滑。再次，从制造业部门产品的国外服务增加值比例来看，绝大部分制造业产品的国外服务增加值比例都呈增长态势。加入WTO以后，随着中国扩大和深化服务业开放，服务贸易进口增加，参与全球价值链分工日趋深入，导致制造业产品的国外服务增加值比例增长很快。我们对中国电气和光学设备产品的国内外服务增加值进行了详细分解，发现该部门产品的国内服务化程度日益提高，但服务化水平尚有较大的提升空间，而该产品的国外服务增加值主要来源于美国、日本、中国台湾、德国的服务业部门。最后，我们利用面板数据模型，实证考察了中国制造业产品的服务化水平对制造业部门全要素生产率和产出的影响，发现制造业部门产品的国内外服务增加值均能显著提升制造业部门的全要素生产率和产出水平，而且国外服务增加值比例的提高对产出的提升有更大的促进作用。

2. 政策启示与建议

第一，大力发展生产性服务业，推动制造业和服务业实现更紧密的融合发展。尽管中国制造业产品服务增加值不断提高，但与发达国家相比，中国制造业部门的服务化程度还较低，这大大制约了制造业发展水平和国际竞争力的提升。为此，应继续加强工业化和信息化、先进制造业与现代服务业的深度融合，通过大力发展软件和信息技术服务、物流运输、租赁、金融、工业设计、科技服务等生产性服务行业，提升国内服务业部门对制造业部门产品增加值的贡献率。要紧密结合《中国制造2025》规划、互联网+、电子商务等新的国家战略和发展导向，发展智能制造、智慧工厂、大规模定制化生产等项目，通过应用移动互联网、物联网、工业互联网、大数据等现代信息技术，改造传统制造业生产方式和商业模式，提升中国制造业发展水平，实现中国制造与中国服务双轮驱动的经济新格局。

第二，中国制造业部门应重视通过扩大服务进口来提高参与全球价值链分工的水平。为此，有关部门要进一步提高服务业部门的开放水平、扩大服务业市场准入，积极利用国外优质的服务业中间投入对本国制造业产生的技术溢出效应，提高中国制造业部门产品的国际竞争力。我们建议有针对性地扩大有利于提升中国制造业生产效率的服务进口，例如金融服务、租赁服务、物流服务、信息技术服务、工业设计服务等，进一步完善《重点鼓励进口技术和产品目录》《战略性新兴产业重点产品和服务指导目录》等政策文件，进一步增加对制造业生产效率有提升作用的服务条目。

服务业对于制造业升级换代和竞争力的提升已然成为共识，近年来，国务院及各部委发布了诸多促进服务业和服务贸易发展的政策文件。如《国务院关于加快发展服务贸易的若干意见》（国发〔2015〕8号）、《国务院关于促进服务外包产业加快发展的意见》（国发〔2014〕67号）、《国务院关于加快科技服务业发展的若干意见》（国发〔2014〕49号）、《国务院关于促进海运业健康发展的若干意见》（国发〔2014〕32号）、《国务院关于加快发展生产性服务业促进产业结构调整升级的指导意见》（国发〔2014〕26号）等十多份政策文件。这些政策文件旨在通过加快服务业和服务贸易发展来促进经济结构实现战略性调整，这些政策文件的实施不仅有利于提升服务业竞争力，也必将有利于制造业实现转型升级和提升国际竞争力。为此，相关部门应积极落实上述政策文件精神，加快政策配套和落地实施，在产业政策、财税政策、区域政策、金融政策、贸易政策等方面制定跟进政策，并在“十三五”规划编制中充分体现制造业与服务业融合发展的思路，推进国内服务业特别是生产性服务业和服务贸易发展，这必将有力促进制造业部门转型升级，并沿着全球价值链实现国际分工地位的跃升。

三、基于企业异质性的中国制造业出口产品全球价值链解构

近年来，中国制造业部门的产能和出口规模稳居世界前列，但在制造业全球价值链分工中的地位还不高。作为生产和贸易的微观经营主体，中国各类企业在制造业部门出口中的真实地位如何？对制造业出口产品增加值的贡献率分别是多少？随着中国制造业部门参与全球价值链分工的程度日益深化，在所有权性质和经营规模方面均存在较大差异的各类企业，其参与全球价值链分工的程度是否也存在差异性？各类企业所主导的制造业出口产品全球价值链在增加值结构方面有何异质性特征？本部分利用区分企业所有制类型和经营规模的中国投入产出表，对制造业部门不同类型企业的出口产品全球价值链进行系统的解构分析，试图从企业异质性的视角对上述问题提供初步的解答。

（一）引言和文献综述

目前，国内外研究全球价值链分工和增加值贸易的文献较多，一些学者利用投入产出方法，将一国的出口总额分解成不同的增加值组成部分，例如，Hummels 等（2001）较早地利用 OECD 国家的投入产出表计算了相关国家出口贸易中的进口含量，研究了各国参与全球价值链分工的程度。Johnson 和 Guillermo（2012）、Koopman 等（2012）利用国际投入产出表计算了相关国家包括中国的出口贸易的国内增加值及其比例，Wang 等（2013）对中间产品贸易根据被最终吸收的目的地进行分组，对各国的双

边贸易进行了较为彻底的分解，描绘了世界增加值贸易的真实图景。鉴于全球价值链和增加值贸易核算对中国具有重要的意义，国内学者如周升起等（2014）、樊茂清和黄薇（2014）、王岚（2014）、卫瑞等（2015）采用投入产出方法，利用TiVA数据库或世界投入产出表对中国在全球价值链分工中的地位进行了估计和测算。另一些学者如Chen等（2012）通过构建反映中国加工贸易特点的非竞争型投入产出表，测算了中国出口产品中的国内增加值变动情况，祝坤福等（2013）、张杰等（2013）进一步分析了影响中国出口中的国内增加值水平的各类因素。

虽然以上文献为衡量和分析中国参与全球价值链分工的程度和增加值贸易特征提供了重要的研究参考，但是这些文献所使用的国家投入产出表或世界投入产出表均假定在同一部门，所有部门内企业都使用相同的技术生产产品，而现实中同一部门内部的企业异质性是非常明显的，不同所有制性质、不同经营规模的制造业企业在生产相同种类产品的时候往往体现出不同的技术特征。近年来快速发展的异质性企业贸易理论，如Bernard等（2007）也已经证实，同一行业内部的企业在出口强度、进口强度、生产率等方面均存在较大的差异。如果还是按照传统的投入产出建模思路，忽略各部门内部企业的异质性特征，则必定会掩盖许多重要的微观信息，所得结论也会较为笼统。由于一国投入产出表的编制通常需要投入大量资源而且受限于各类约束条件，连续年度的投入产出表已属难得，编制区分企业类型的投入产出表则更加困难。但是经济学家还是提出一些切实可行的解决办法，例如利用现有可得的企业层面数据，再附加一些必要的假设条件，就可以使用优化方法求解出区分企业类型的投入产出表的相关未知参数，从而完成对传统投入产出表的拆分。这种蕴含企业层面信息的投入产出表可用来对一国各类部门各类企业间的投入产出关系进行详细分析，从而考察不同类型企业参与全球价值链分工的不同特征。Tang等（2014）通过利用2008年全国经济普查得到的企业信息和海关数据，对传统的中国投入产出表进行拆分，从而得到区分企业类型和企业规模的非竞争型中国投入产出表，并首次对中国各类企业的国内价值链进行分析。与Tang等

（2014）不同的是，本部分将从中国制造业部门异质性企业参与全球价值链分工的视角，利用区分企业类型和规模的投入产出表，对各类企业参与制造业部门全球价值链分工的程度和特征进行衡量和分析，并对各类企业的全球价值链进行详细分解。我们感谢对外经济贸易大学王飞教授为本部分提供的数据支持。本部分余下的内容安排如下：第二部分对区分企业所有制类型和规模的投入产出表的基本结构进行简要介绍，第三部分从多个角度对中国各类企业制造业出口产品的全球价值链进行解构分析；第四部分是主要结论和政策启示。

（二）区分企业所有制类型和经营规模的中国投入产出表简介

国家统计局于2008年开展的全国经济普查涉及500万家企业的信息，涵盖所有的制造业部门和非制造业部门的国有企业和非国有企业，数据指标包括企业登记时的所有制类型、股权结构、产出、就业、出口等。Tang等（2014）利用这一经济普查数据和海关统计数据，结合原有的投入产出表中的部门数据，使用带约束条件的二次规划等优化技术估计出各类部门企业之间的投入产出系数和其他相关参数，对2007年和2010年42个部门的中国投入产出表按照企业类型进行拆分。关于投入产出参数的具体求解方法，感兴趣的读者可以阅读他们的工作论文，在此不再赘述。本部分主要是利用这种按企业类型拆分的投入产出表对中国各类企业参与制造业全球价值链分工的情况进行应用研究。鉴于2010年的中国投入产出表是最新可得的中国投入产出表，因此，我们主要使用2010年区分企业所有制类型和经营规模的非竞争型中国投入产出表进行分析。附表3－1显示了这种经过拆分的投入产出表结构。

根据企业的所有制性质和企业规模，附表3－1的中国投入产出表将企业类型划分为6种，分别是大型国有企业（*SL*）、中小型国有企业（*SS*）、大型外资企业（*FL*）、中小型外资企业（*FS*）、大型民营企业（*OL*）和中小型民营企业（*OS*），其中的民营企业包括集体所有制企业。企业类型按照企业登记时的所有制类型进行定义，例如国有企业是指企业在登记注册时的类型是国有企业，且国有股权占50%以上。企业规模大小按照国家统计局的分类标准，根据不同部门企业的就业人数、总销售额和总资产来确定，例如，制造业大型国有企业是指人数在2000人以上，总销售额大于3亿元，总资产大于4亿元的国有企业。具体可以参看国家统计局2008年全国经济普查对不同部门企业规模的划分标准。我们从附表3-1还可以看到，拆分后的中国投入产出表的基本结构与传统的投入产出表的基本结构类似，水平方向表示各部门各类企业产品的中间使用和最终使用情况，其中的中间使用包括国内各部门不同类型企业的中间使用情况；投入产出表的垂直方向描绘各部门各类企业产品生产过程中的中间投入和增加值情况，区别于传统的竞争型投入产出表，这里的中间投入划分为国内中间投入和进口中间投入，而且国内中间投入细分为来自六类不同企业不同部门的国内中间投入情况。

附表3-1　区分企业类型和规模的中国投入产出表结构

		国内中间使用						国内最终使用	出口	总产出
		SL	SS	FL	FS	OL	OS			
国内中间投入	SL	$Z^{SL,SL}$	$Z^{SL,SS}$	$Z^{SL,FL}$	$Z^{SL,FS}$	$Z^{SL,OL}$	$Z^{SL,OS}$	Y^{SL}	E^{SL}	X^{SL}
	SS	$Z^{SS,SL}$	$Z^{SS,SS}$	$Z^{SS,FL}$	$Z^{SS,FS}$	$Z^{SS,OL}$	$Z^{SS,OS}$	Y^{SS}	E^{SS}	X^{SS}
	FL	$Z^{FL,SL}$	$Z^{FL,SS}$	$Z^{FL,FL}$	$Z^{FL,FS}$	$Z^{FL,OL}$	$Z^{FL,OS}$	Y^{FL}	E^{FL}	X^{FL}
	FS	$Z^{FS,SL}$	$Z^{FS,SS}$	$Z^{FS,FL}$	$Z^{FS,FS}$	$Z^{FS,OL}$	$Z^{FS,OS}$	Y^{FS}	E^{FS}	X^{FS}
	OL	$Z^{OL,SL}$	$Z^{OL,SS}$	$Z^{OL,FL}$	$Z^{OL,FS}$	$Z^{OL,OL}$	$Z^{OL,OS}$	Y^{OL}	E^{OL}	X^{OL}
	OS	$Z^{OS,SL}$	$Z^{OS,SS}$	$Z^{OS,FL}$	$Z^{OS,FS}$	$Z^{OS,OL}$	$Z^{OS,OS}$	Y^{OS}	E^{OS}	X^{OS}
进口中间投入	FC	$Z^{FC,SL}$	$Z^{FC,SS}$	$Z^{FC,FL}$	$Z^{FC,FS}$	$Z^{FC,OL}$	$Z^{FC,OS}$	Y^{F}		M
增加值		V^{SL}	V^{SS}	V^{FL}	V^{FS}	V^{OL}	V^{OS}			
总投入		$(X^{SL})^T$	$(X^{SS})^T$	$(X^{FL})^T$	$(X^{FS})^T$	$(X^{OL})^T$	$(X^{OS})^T$			

资料来源：根据Tang等（2014）整理得到。

根据投入产出表的基本平衡条件，总投入等于总产出。例如，$Z^{SL,SL}$是一个42×42的子矩阵，其中的元素$Z_{ij}^{SL,SL}$表示j部门的大型国有企业在生产过程中投入的来自 i 部门的大型国有企业的中间品价值。同理，$Z^{FL,FS}$也是一个 42×42 的子矩阵，其中的元素 $Z_{ij}^{FL,FS}$表示 i 部门的大型外商投资企业生产的产品被 j 部门的中小型外商投资企业用作中间投入品的价值。$Z^{FC,SL}$是一个 42×1 的向量，其中的元素 $Z_{j}^{FC,SL}$ 表示 j 部门的大型国有企业生产单位价值产品所需要投入的国外企业提供的中间投入品价值。V^{SL}、E^{SL}和 X^{SL}分别表示大型国有企业的增加值、出口和总产出，其他以此类推。下面我们用矩阵代数的形式，对这种区别企业类型和规模的投入产出表的基本特征和增加值分解的计算方法进行说明。

根据区分企业类型和规模的投入产出表恒等式，对国内生产的产品需求可以表示为

$$X=A^{d}X+Y^{d}+E \qquad (A-3-1)$$

其中，$X=[X^{SL}X^{SS}X^{FL}X^{FS}X^{OL}X^{OS}]^{T}$，$Y^{d}=[Y^{SL}Y^{SS}Y^{FL}Y^{FS}Y^{OL}Y^{OS}]^{T}$，$E=[E^{SL}E^{SS}E^{FL}E^{FS}E^{OL}E^{OS}]^{T}$，分别表示国内产品的产出、国内最终需求和出口向量。A^{d} 表示国内直接消耗系数矩阵。对式（A-3-1）进行简单变换，可以得到

$$X=(1-A^{d})^{-1}Y^{d}+(1-A^{d})^{-1}E=BY^{d}+BE \qquad (A-3-2)$$

其中，$B=(1-A^{d})^{-1}=\begin{bmatrix} B^{SL,SL} & B^{SL,SS} & B^{SL,FL} & B^{SL,FS} & B^{SL,OL} & B^{SL,OS} \\ B^{SS,SL} & B^{SS,SS} & B^{SS,FL} & B^{SS,FS} & B^{SS,OL} & B^{SS,OS} \\ B^{FL,SL} & B^{FL,SS} & B^{FL,FL} & B^{FL,FS} & B^{FL,OL} & B^{FL,OS} \\ B^{FS,SL} & B^{FS,SS} & B^{FS,FL} & B^{FS,FS} & B^{FS,OL} & B^{FS,OS} \\ B^{OL,SL} & B^{OL,SS} & B^{OL,FL} & B^{OL,FS} & B^{OL,OL} & B^{OL,OS} \\ B^{OS,SL} & B^{OS,SS} & B^{OS,FL} & B^{OS,FS} & B^{OS,OL} & B^{OS,OS} \end{bmatrix}$

矩阵 B 是 252×252 的列昂惕夫逆矩阵，其中 $B^{SL,SL}$是一个 42×42 的子矩阵，其中的元素 $B_{ij}^{SL,SL}$表示大型国有企业为满足 1 单位价值的 j 产品最终需求，直接和间接拉动的大型国有企业 i 产品的产出价值，矩阵中的其他元素可以做类似解释。

随着全球价值链分工的迅猛发展，现在几乎每种产品的生产都离不开进口投入品的使用，因此任何部门的总产出价值必然等于该部门所产生的

直接增加值以及在产品生产过程中投入的来自国内外的中间产品的价值，因此有下式成立

$$u = A_v + uA^d + \delta A^m \quad (A-3-3)$$

其中，u 为 1×252 的单位行向量，δ 为 1×42 的单位行向量，A_v 是 1×252 的增加值系数向量，A^d 是 252×252 的国内直接消耗系数矩阵，A^m 为 42×252 的进口中间投入系数矩阵。整理可得

$$u = A_v(I - A^d)^{-1} + \delta A^m (I - A^d)^{-1} = A_v B + \delta A^m B \quad (A-3-4)$$

我们对式（A－3－4）两边右乘 252×252 的出口贸易额对角矩阵 $\hat{E}$，可以把出口贸易额分解成国内外增加值之和的形式，即

$$u\hat{E} = A_v B\hat{E} + \delta A^m B\hat{E} = u\hat{A}_v B\hat{E} + \delta A^m B\hat{E} \quad (A-3-5)$$

其中，$u\hat{E}$表示 1×252 的出口贸易额行向量，$A_v = u\hat{A}_v$，$\hat{A}_v$ 是 252×252 的增加值系数对角矩阵，式（A－3－5）右边的第一项是出口产品的国内增加值，第二项是出口产品的国外增加值。我们重点关注第一项中的 $\hat{A}_v B\hat{E}$，这是一个 252×252 的方阵，其中的每一个元素都既可以表示产品的国内增加值来源，即国内增加值的来源部门和来源企业；又可以表示产品的使用方式，包括各部门各企业的直接使用和间接使用。如果要衡量某部门中处于上游的某类企业对下游各类企业的增加值出口所做的贡献，可以将 $\hat{A}_v B\hat{E}$的元素沿水平方向加总起来，即所谓的前向关联方法；如果要考察某部门的下游某类企业产品的国内增加值来源，则可以将 $\hat{A}_v B\hat{E}$的元素沿着垂直方向加总起来，即所谓的后向关联方法。限于篇幅，本部分只列出利用后向关联方法计算的中国制造业部门各类企业出口产品的国内外增加值结构。

（三）中国各类企业制造业出口产品的全球价值链解构

1. 各类企业在中国制造业各部门出口产品总额中的比例

首先，我们对 2010 年中国制造业部门各类企业的出口情况进行简要分析，计算各类企业在不同制造业部门出口总额中所占的份额，具体结果如附表 3－2 所示。

附表 3－2　2010 年各类企业在中国制造业各部门出口中所占的份额

出口部门	大型国企	中小国企	大型外企	中小外企	大型民企	中小民企
食品制造及烟草加工业	0.0242	0.0130	0.0771	0.4329	0.1096	0.3433
纺织业	0.0036	0.0056	0.0984	0.3815	0.1556	0.3553
纺织服装鞋帽皮革羽绒及其制品业	0.0010	0.0018	0.1362	0.5151	0.0758	0.2701
木材加工及家具制造业	0.0000	0.0061	0.1090	0.4564	0.0823	0.3462
造纸印刷及文教体育用品制造业	0.0026	0.0038	0.2386	0.5346	0.0308	0.1895
石油加工、炼焦及核燃料加工业	0.6335	0.0059	0.0676	0.0680	0.1968	0.0282
化学工业	0.0595	0.0093	0.1369	0.4537	0.1310	0.2097
非金属矿物制品业	0.0016	0.0162	0.0699	0.4360	0.1250	0.3513
金属冶炼及压延加工业	0.4006	0.0110	0.0862	0.1563	0.2633	0.0826
金属制品业	0.0029	0.0047	0.2161	0.4221	0.0845	0.2697
通用、专用设备制造业	0.0526	0.0135	0.1641	0.4030	0.1379	0.2290
交通运输设备制造业	0.1325	0.0177	0.2924	0.2013	0.2452	0.1109
电气机械及器材制造业	0.0054	0.0046	0.3366	0.3618	0.1383	0.1533
通信设备、计算机及其他电子设备	0.0065	0.0012	0.7605	0.1588	0.0568	0.0161
仪器仪表及文化办公用机械制造业	0.0043	0.0034	0.5282	0.3303	0.0392	0.0946
工艺品及其他制造业	0.0000	0.0040	0.1116	0.4401	0.0442	0.4001
制造业平均出口份额	0.0832	0.0076	0.2143	0.3595	0.1198	0.2156

资料来源：根据区分企业类型的中国投入产出表计算得到。

从部门角度来看，食品制造及烟草加工业、纺织业、纺织服装鞋帽皮革羽绒及其制品业、木材加工及家具制造业部门等劳动密集型部门的中小型外资企业和中小民营企业的出口份额较高；造纸印刷及文教体育用品制造业部门的中小型外资企业和大型国有企业的出口份额较高。在资源密集型部门如石油加工、炼焦及核燃料加工业中，由于产品生产需要大规模固定资产投资以及国家政策的相关规定，该部门的大型国有企业和大型民营企业的出口份额较高。在化学工业，非金属矿物制品业，金属制品业，通用、专用设备制造业等资本密集型部门，中小型外资企业和中小型民营企业具有较高的出口倾向。在金属冶炼及压延制造业中，大型国有企业和大型民营企业所占的出口比例领先，例如在钢铁产品中的大型国企和大型民企所占比例较高。资本技术密集的交通运输设备制造业部门中的大型外资企业和大型民营企业出口份额较多，参与全球价值链分工程度较高的电气机械及器材制造业中的大型外资企业、中小型外资企业出口比例很高，通信设备、计算机及其他电子设备制造业中的大型外资企业出口比例接近80%，如果再加上中小型外资企业的出口份额，则外企出口在全行业的占比可达90%，与此类似，仪器仪表及文化办公用机械的出口也被大型外资企业和中小型外资企业所控制。

从出口企业类型来看，外资企业在很多部门都具有强烈的出口倾向，例如，中小型外资企业在绝大多数制造业部门中的出口占比都是最高的，平均份额高达0.3595；大型外资企业的平均出口份额为0.2143，而且在中国高新技术产品制造业部门出口中具有优势地位。中小型民营企业比大型民营企业具有更高的出口倾向，这两类企业的平均出口比例分别为21.56%和11.98%。我们发现大型国有企业和中小型国有企业的出口倾向最弱，平均水平分别为0.0832和0.0076，中小型国有企业在很多部门中的出口比例微不足道，而大型国有企业也只是在一些上游部门或国有垄断部门的出口份额高于其他类型企业。这表明随着改革开放的逐步深入，在很多一般性的制造业部门中，国有企业相对于外资企业和民营企业竞争力下滑，出口主力位置逐步被外资企业和民营企业所取代。另外，国企改革通过抓大放小，控制关键性的上游部门，为下游各类企业提供重要的原材料和中间产品，因此可以通过其他类型的下游企业产生大量的间接出口。如果我们仅仅通过计算制造业各部门不同企业的直接出口份额来衡量国有企业在制造业出口中的地位，则有可能会造成低估。因此，我们将利用区分企业类型和经营规模的中国投入产出表，从增加值的角度衡量包括国企在内的各类企业在中国出口中的真实地位，并对各类企业的制造业出口产品的全球价值链进行分解。

2. 各类企业在中国制造业部门出口产品增加值中的贡献率

根据前面所述的增加值分解方法，我们利用区分企业所有制类型和经营规模的2010年中国投入产出表，计算各类企业在中国制造业部门出口产品增加值中的贡献率，附表3－3所示。

附表3－3 2010年各类企业在中国制造业出口产品增加值中的贡献率

出口部门	大型国企	中小国企	大型外企	中小外企	大型民企	中小民企
食品制造及烟草加工业	0.0710	0.0453	0.0413	0.1148	0.0573	0.5423
纺织业	0.0647	0.0491	0.0509	0.1425	0.0856	0.4466
纺织服装鞋帽皮革羽绒及其制品业	0.0669	0.0513	0.0657	0.1785	0.0772	0.4109
木材加工及家具制造业	0.0884	0.0674	0.0556	0.1600	0.0714	0.3716
造纸印刷及文教体育用品制造业	0.0785	0.0587	0.0874	0.2015	0.0582	0.3170
石油加工、炼焦及核燃料加工业	0.2914	0.0500	0.0284	0.0560	0.1123	0.0986
化学工业	0.1171	0.0628	0.0580	0.1437	0.0851	0.2826
非金属矿物制品业	0.1265	0.0809	0.0504	0.1696	0.0935	0.3290
金属冶炼及压延加工业	0.2100	0.0636	0.0476	0.0691	0.1122	0.2154
金属制品业	0.1262	0.0738	0.0839	0.1453	0.0930	0.2665
通用、专用设备制造业	0.1142	0.0651	0.0747	0.1506	0.0941	0.2658
交通运输设备制造业	0.1264	0.0623	0.1157	0.1091	0.1165	0.2336
电气机械及器材制造业	0.1031	0.0617	0.1027	0.1245	0.0930	0.2378
通信设备、计算机及其他电子设备	0.0492	0.0366	0.1418	0.0729	0.0468	0.1530
仪器仪表及文化办公用机械制造业	0.0676	0.0485	0.1225	0.1534	0.0599	0.1729
工艺品及其他制造业	0.0560	0.0399	0.0952	0.2747	0.0613	0.3579
制造业部门平均值	0.1098	0.0573	0.0764	0.1416	0.0823	0.2938

资料来源：根据区分企业类型的中国投入产出表计算得到。

从总体来看，对中国制造业部门出口产品增加值贡献最多的企业类型是中小型民营企业，该类企业的增加值贡献比例平均高达0.2938，表明近1/3的制造业出口产品增加值是由中小型民营企业贡献的。排名第二位的是中小型外资企业，在制造业出口产品增加值中所占的比重为0.1416，大型国有企业以0.1098的占比排在第三位。分列第4~6位的企业类型分别是大型民营企业、大型外资企业和中小型国有企业，分别为制造业出口产品贡献了0.0823、0.0764和0.0573的增加值。由于中小型民营企业数量众多、经营灵活，而且对制造业出口市场的变化反应迅速，已经成为中国制造业出口产品增加值的主要贡献者。改革开放以来，外资企业一直是中国制造业产品出口的重要力量，从制造业出口产品的增加值贡献率来看，中小型外资企业提供的增加值比例要高于大型外资企业，大型外资企业在一些高新技术部门例如通信设备、计算机及其他电子设备部门的出口产品中提供了较高的增加值。整体而言，与其较高的出口份额相对比，大型外资企业对中国制造业出口产品的增加值贡献率较低，这可能与其所从事的贸易形式多为加工贸易有关。例如，根据商务部统计，2010年中国外资企业加工贸易出口为7403亿美元，其中有相当比例都是由大型外资企业完成的，而中国加工贸易的增值率较低，由此导致该类企业虽然出口比例较高，但对出口产品增加值的贡献率却不高。

与大型外资企业的情况相反，我们前面分析时发现大型国有企业在中国制造业部门的出口份额较低，但是从制造业部门出口产品的增加值贡献率来看，大型国有企业所提供的增加值比例并不低，而且高于其在出口总额中的比重。如果中国制造业部门出口10000美元的产品，其中大型国有企业就贡献了1098美元。由此可见，从增加值角度来看，国有企业在中国制造业中的实际地位还是非常重要的，各类企业生产的制造业产品直接或间接地使用了很多国有企业提供的中间投入品。特别是在一些较为典型的上游制造业部门，例如石油加工、炼焦及核燃料加工业，金属冶炼及压延加工业，化学工业，大型国有企业对这些部门产品贡献的增加值比例都是较高的，通过为处于中下游的其他类型企业提供这些重要的中间产品，大型国有企业可以实现增加值的间接出口。

从制造业各具体部门来看，例如在食品制造及烟草加工业部门出口产品的增加值中，大型国有企业贡献了0.071的份额，中小型国有企业贡献了0.0453，大型外资企业提供了0.0413，而中小型外资企业、大型民营企业和中小型民营企业分别贡献了0.1148、0.0573和0.5423的出口产品增加值，可见中小型民营企业对此类出口产品所贡献的增加值比例最高。其他制造业部门也可进行类似分析，限于篇幅，在此不再赘述。

3. 各类企业在中国制造业部门中参与全球价值链分工的程度

近年来，中国制造业部门积极参与全球价值链分工，而且参与这种新型国际分工的程度日益深化。借鉴Hummels等（2001）相关文献衡量制造业部门参与全球价值链分工程度的方法，我们计算了不同类型的企业在各制造业部门出口产品的国外增加值比例，进一步从异质性企业视角考察各类企业参与制造业全球价值链分工的程度，结果如附表3－4所示。从制造业部门的平均值来看，中小型民营企业制造业部门参与全球价值链分工的程度最高，表明该类企业是中国制造业部门参与国际生产的重要力量，构建适应全球价值链分工的开放型经济新体制必须充分考虑中小型民营企业在全球价值链中的重要地位。大型外资企业历来在中国制造业部门中具有较强的参与全球价值链分工的倾向，在通信设备、计算机及其他电子设备制造业，仪器仪表及文化办公用机械制造业出口产品中的国外含量比例高达0.5164和0.4313，说明这类企业进口的大量国外零部件价值在出口产品中占有相当比重，出口产品蕴含较高的国外增加值。大型民营企业和中小型外资企业参与全球价值链分工的程度也较高。中小型外资企业、中小型国有企业与前面几种类型企业相比，参与全球价值链分工程度稍低，但是差距不大，表明这些类型的企业也在积极参与这种新型国际分工。我们发现，大型国有企业虽然参与全球价值链分工的平均值水平最低，但是该类企业在木材加工及家具制造业和工艺品及其他制造业中的出口贸易为零，出口产品的国外增加值比例自然也为零。如果剔除这两个部门，那么大型国有企业参与制造业全球价值链分工的水平将会得到明显提升。另外，我们注意到大型国有企业在石油加工、炼焦及核燃料加工业，非金属矿物制品业，金属冶炼及压延加工业等部门参与全球价值链分工的程度普遍较高，主要是由于在这些部门中，大型国有企业的出口产品制造使用大量的国外中间产品和原材料。

附表 3-4　不同类型企业在中国制造业部门中参与全球价值链分工的程度

出口部门	大型国企	中小国企	大型外企	中小外企	大型民企	中小民企
食品制造及烟草加工业	0.1081	0.1613	0.1429	0.1228	0.1347	0.1287
纺织业	0.1981	0.2027	0.1732	0.1681	0.1773	0.1401
纺织服装鞋帽皮革羽绒及其制品业	0.2108	0.2049	0.1655	0.1439	0.1790	0.1435
木材加工及家具制造业	0.0000	0.2144	0.1955	0.1938	0.1893	0.1704
造纸印刷及文教体育用品制造业	0.2083	0.2041	0.1988	0.1973	0.2015	0.2020
石油加工、炼焦及核燃料加工业	0.4105	0.2058	0.2047	0.1306	0.3519	0.3530
化学工业	0.2088	0.1942	0.2149	0.2668	0.2266	0.2689
非金属矿物制品业	0.1983	0.1671	0.1723	0.1582	0.1644	0.1299
金属冶炼及压延加工业	0.3063	0.2209	0.2251	0.2396	0.2756	0.3332
金属制品业	0.2088	0.2029	0.1891	0.2151	0.1857	0.2313
通用、专用设备制造业	0.2211	0.2024	0.2215	0.2319	0.2359	0.2567
交通运输设备制造业	0.2411	0.2189	0.2320	0.2329	0.2423	0.2399
电气机械及器材制造业	0.2440	0.2465	0.2692	0.2794	0.2766	0.2923
通信设备、计算机及其他电子设备	0.2507	0.2560	0.5164	0.5206	0.3084	0.2947
仪器仪表及文化办公用机械制造业	0.2640	0.2630	0.4313	0.3104	0.2649	0.3425
工艺品及其他制造业	0.0000	0.2049	0.0888	0.1089	0.1258	0.1267
制造业部门平均值	0.2049	0.2106	0.2276	0.2200	0.2212	0.2284

资料来源：根据区分企业类型的中国投入产出表计算得到。

在同一制造业部门，不同类型的企业参与全球价值链分工的程度存在差异。以非金属矿物制品业为例，大型国有企业出口的非金属矿物制品的国外含量比例为0.1983，中小型国有企业同类出口产品的国外含量比例为0.1671，大型外资企业、中小型外资企业和大型民营企业分别为0.1723、0.1582和0.1644，而中小型民营企业的国外含量比例只有0.1299，可见该部门不同类型企业在参与全球价值链分工的程度方面存在较为显著的差异，同一类出口产品在生产技术方面的确存在异质性。同样，在通信设备、计算机及其他电子设备部门中，中小型外资企业积极参与全球价值链分工的程度最高，出口产品的国外增加值比例高达0.5206，大型外资企业出口此类产品的国外增加值比例也高达0.5164，而大型国有企业出口此类产品的国外增加值比例仅为0.2507，反映出国有企业和外资企业在该类产品生产中参与全球价值链分工程度的不同。原因可能是该部门的外资企业主要通过加工贸易形式完成通信设备、计算机及其他电子设备的生产和出口，因此出口产品的生产投入了大量的国外中间产品，而国有企业和民营企业更多的是通过一般贸易方式出口此类产品，因此国外中间产品的投入比例要明显低于外资企业。其他制造业部门的情况可做类似分析，在此不再赘述。

4. 中国制造业部门出口产品全球价值链中的企业异质性

由于我们划分6种不同类型的企业，同一制造业部门的出口产品可以细分成6类制造业企业出口产品，相应地存在6类企业出口产品的全球价值链。我们以电气机械及器材产品、纺织业产品为例，分析各类企业出口这两类产品的全球价值链的异质性特征。

从附表3-5可以看出，在大型国有企业出口的电气机械及器材产品全球价值链中，大型国有企业本身贡献该出口产品0.2253的增加值份额，中小型民营企业贡献0.2124的增加值份额，中小型国有企业提供0.0909的增加值份额，而剩下的增加值则分别由中小型外资企业、大型民营企业和大型外资企业以及国外企业所贡献。我们可以看出，由大型国有企业出口的电气机械及器材产品的国内增加值比例为0.7560，国外增加值比例为0.2440。这样，我们就完成了对大型国有企业出口的电气机械及器材产品的全球价值链解构，其他类型企业的出口产品全球价值链可以进行类似分解，在此不再赘述。通过比较分析，我们发现中小型民营企业出口的电气机械及器材产品更多地使用源自本类型企业的各类中间产品，增加值比例高达0.3777；而中小型国企出口的同类产品所使用的源自本类型企业的中间产品最少，只有0.1815，而更多地使用中小民营企业所提供的中间产品。从各类企业生产的电气机械及器材产品的国内增加值来看，大型国有企业产品的国内含量最高，达到0.7560；其次是中小型国有企业，达到0.7535；再次是大型外资企业，产品的国内增加值比例达到0.7308。电气机械及器材产品国内增加值比例最低的是中小型民营企业的产品，达到

0.7077。从产品的国外增加值含量来看，中小民营企业电气机械及器材出口产品的国外含量比例最高，接近0.3，而大型国有企业此类产品的国外含量最低，为0.2440。当然，来自国外的增加值在这6种电气产品的全球价值链上都占有重要的地位，表明各类型企业在生产该类产品过程中参与全球价值链分工的程度都比较高。通过分析各类企业出口的电气机械及器材的全球价值链，可以更清晰地了解该类产品的全球价值链构成情况，明确各类型企业在生产同类出口产品所体现的异质性特征，为相关部门的政策制定提供参考。

附表3-5　各类企业的电气机械及器材出口产品全球价值链比较

出口产品价值链名称	大型国企	中小国企	大型外企	中小外企	大型民企	中小民企	国内含量	国外含量
大型国企电气机械及器材价值链	0.2253	0.0909	0.0638	0.0821	0.0816	0.2124	0.7560	0.2440
中小国企电气机械及器材价值链	0.1180	0.1815	0.0667	0.0851	0.0846	0.2177	0.7535	0.2465
大型外企电气机械及器材价值链	0.0997	0.0646	0.2262	0.0636	0.0688	0.2078	0.7308	0.2692
中小外企电气机械及器材价值链	0.1005	0.0597	0.0403	0.2358	0.0703	0.2139	0.7206	0.2794
大型民企电气机械及器材价值链	0.1034	0.0638	0.0433	0.0639	0.2291	0.2199	0.7234	0.2766
中小民企电气机械及器材价值链	0.1116	0.0534	0.0347	0.0527	0.0776	0.3777	0.7077	0.2923

资料来源：根据区分企业类型的中国投入产出表计算得到。

我们再来看看纺织业出口产品的全球价值链情况，附表3-6列出了6类企业纺织业出口产品全球价值链。从出口产品的国内增加值水平来看，中小民营企业生产的纺织业出口产品的国内增加值比例最高，达0.8599，而中小型国有企业生产的纺织业产品的国内增加值比例最低，为0.7973。同样，从各类纺织业出口产品的全球价值链中可以看出，中小型民营企业提供的增加值比例最高，反映出该类企业在纺织业生产中的重要地位。从6类纺织业产品全球价值链来看，中小型民营企业、大型外资企业和中小型外资企业投入较多的来自本类型企业提供的中间投入品，但中小型民营企业纺织业出口产品的国外含量最低，表明该类型企业参与纺织业产品全球价值链分工的程度不高。

附表3－6 各类企业的纺织业出口产品全球价值链比较

出口产品价值链名称	大型国企	中小国企	大型外企	中小外企	大型民企	中小民企	国内含量	国外含量
大型国企纺织业产品价值链	0.2224	0.0975	0.0658	0.0843	0.0822	0.2496	0.8019	0.1981
中小国企纺织业产品价值链	0.1204	0.1807	0.0699	0.0889	0.0868	0.2506	0.7973	0.2027
大型外企纺织业产品价值链	0.0918	0.0760	0.2968	0.0664	0.0653	0.2305	0.8268	0.1732
中小外企纺织业产品价值链	0.0657	0.0500	0.0264	0.2909	0.0561	0.3429	0.8319	0.1681
大型民企纺织业产品价值链	0.0696	0.0530	0.0279	0.0555	0.2473	0.3694	0.8227	0.1773
中小民企纺织业产品价值链	0.0516	0.0366	0.0188	0.0439	0.0522	0.6568	0.8599	0.1401

资料来源：根据区分企业类型的中国投入产出表计算得到。

（四）主要结论和政策启示

本部分从企业异质性的角度，利用区分企业类型和规模的投入产出表对中国制造业各类企业出口产品的全球价值链进行较为系统的解构分析，并得到一些初步结论。

第一，从各类企业在中国制造业出口中所占的份额来看，中小型外资企业、中小型民营企业和大型外资企业的出口份额较高，而大型国有企业和中小型国有企业的出口份额较低，大型民营企业的出口份额居于中游。

从直接出口份额来看，外资企业和民营企业比较活跃，而国有企业的直接出口倾向较弱。

第二，从各类企业在中国制造业产品增加值中所占的份额来看，中小型民营企业贡献了最高的增加值比例，其次是中小型外资企业和大型国有企业，而大型民营企业、大型外资企业和中小型国有企业的增加值贡献率分列第4~6位。我们发现，民营企业特别是中小型民营企业在中国制造业产品增加值形成过程中扮演重要的角色；大型国有企业虽然在制造业中的直接出口中比例不高，但是从增加值角度来看，大型国有企业通过为其他各类企业的制造业产品提供较多的原材料和中间投入品，从而实现了较多的间接出口。

第三，从各类企业参与制造业部门全球价值链分工的程度来看，中小型民营企业、大型外资企业和大型民营企业参与全球价值链分工的水平较高。当然，中小型外资企业、中小型国有企业和大型国有企业也积极参与全球价值链分工，各类企业参与分工的平均水平差距不大。在具体的制造业细分部门，各类企业参与全球价值链分工的程度存在异质性。

第四，不同类型企业的制造业出口产品全球价值链同样体现出异质性特征，我们对电气机械及器材制造业和纺织业产品的全球价值链进行了解构分析，分析了各类企业对这两类出口产品的增加值贡献率，证实了各类企业所生产的产品全球价值链的结构差异。

本部分的政策启示是：第一，各类企业都对中国制造业出口产品的增加值形成做出了积极的贡献，虽然各类企业的制造业出口产品全球价值链呈现异质性特征，但各类企业之间形成的投入产出关系非常紧密。中国制造业部门要提升在全球价值链上的分工地位、提高制造业产品的国内增加值水平，离不开国内各类企业的共同协作。第二，民营企业的生产和出口贸易发展迅速，已经成为中国制造业部门的重要支撑力量；国有企业在制造业部门中的关键作用依然不可忽视，政府有关部门应继续制定政策推动这两类企业在中国制造业中发挥更为重要的作用，促进这两类企业主动布局各类产品的全球价值链，提高对制造业全球价值链的控制力和整合力。

第三，外资企业在中国制造业出口中的优势地位仍然较为明显，继续打造良好的营商环境，积极吸引有实力的跨国公司来华投资，有助于中国制造业部门更好地利用外资企业在国际市场的资源网络，提升中国制造业在全球价值链中的竞争力。

四、全球价值链分工对中国熟练劳动力相对就业的影响

（一）引言和文献综述

中国目前是全球制造业产品第一出口大国，但是与发达的制造业强国相比，中国制造业仍处于全球制造业价值链的中低端环节，获取的全球化贸易收益较少。然而，全球化收益不仅包括贸易收益，还包括劳动力就业收益。我们发现，中国制造业部门通过参与全球价值链分工解决了相当一部分劳动力的就业问题。根据国务院发展研究中心课题组（2014）的调研报告，2012 年中国通过加工贸易直接吸纳的就业人数约 3000 万人，所带动的相关上下游行业就业人数约 1000 万人，合计吸纳和带动就业约 4000 万人。那么在当前国民经济调结构、促发展的新常态下，中国制造业部门能否通过参与全球价值链分工提高国内熟练劳动力的相对就业水平，进而使国内劳动力就业结构得到优化？如果答案是肯定的，那么中国与哪些国家或地区开展价值链分工可以更好地提升本国熟练劳动力的相对就业水平？本部分基于近年来中国制造业部门积极参与全球价值链分工的实际情况，结合国内各制造业部门熟练劳动力相对就业的特征事实，试图对以上问题做出回答。

近年来，随着通信技术的不断进步和物流成本的日益降低，全球价值

链分工的快速发展已经成为经济全球化时代的显著特征，世界各国和地区被这种新型的国际分工模式连接起来，在产品的全球生产网络中分别承担不同的环节和任务，很多制造业产品的生产标签变为“世界制造”。国外学者对全球价值链分工的度量问题进行了较深入的研究，例如，Hummels 等（2001）、Daudin 等（2011）、Koopman 等（2012）、Johnson 等（2012）利用投入产出技术对一些国家参与全球价值链分工的程度进行衡量和解读。Feenstra 等（1996）较早地对全球价值链分工对参与国劳动力就业结构的影响问题进行了理论和实证研究，他们利用中间产品连续统模型，认为发展中国家在承接发达国家的国际外包活动过程中，也会同发达国家一样提高对本国熟练劳动力的相对需求，从而优化劳动力市场就业结构。Feenstra 等（1997）进一步发现美国在墨西哥投资设厂，提升了墨西哥高技能劳动力的相对需求。国内学者杨文芳和方齐云（2010）考察了全球价值链分工对劳动力总体就业量的影响，发现中国参与全球价值链分工促进了国内劳动力就业的增长，但对不同部门的影响存在差异性，但该研究并没有对劳动力的技能结构进行区分。臧旭恒和赵明亮（2011）的研究表明，中国工业部门参与全球价值链分工从总体上降低了熟练劳动力的相对需求，但在高技术行业增加了熟练劳动力的相对需求。程盈莹和逯建（2013）利用 OECD 投入产出数据库，发现全球价值链分工增加了中国高技能劳动力的相对就业，但是这种提升效应并不显著。黄灿（2014）利用省际面板数据，分析了全球价值链分工对中国就业结构的影响，发现从总体来看，垂直专业化贸易并没有显著影响国内的就业结构。以上国内文献除了在研究结论方面呈现差异性以外，在衡量熟练劳动力的时候多用中国制造业各部门的大中型企业科技活动人员作为替代，并没有具体计算各制造业部门在生产过程中所使用和拉动的熟练劳动力数量。而且，国内研究者多利用中国投入产出表计算垂直专业化指数，作为衡量各部门参与全球价值链分工程度的指标。但是，由于中国缺乏权威的非竞争型投入产出表，在计算垂直专业化指数时多使用较为武断的比例假设来构造进口投入系数矩阵，且相邻年份的投入产出系数多假定不发生变动，由此造成垂直专业化指数的估算结果较为粗糙。

与以上研究不同，本部分的贡献在于：首先，利用欧盟委员会资助开发的世界投入产出数据库计算了 1995 ~ 2009 年中国制造业部门基于全球价值链分工的熟练劳动力和非熟练劳动力的使用数量，从而得到各制造业部门产品生产过程中所直接投入和间接拉动的熟练劳动力的相对就业水平。其次，与传统的衡量一国参与全球价值链分工程度的垂直专业化指数不同，我们利用世界投入产出表计算了中国制造业各部门产品的国外增加值比例。由于世界投入产出表的编制并不依赖于进口比例相同的假设，中间使用、最终消费以及投资使用的进口产品比例各不相同，利用这一指标可以更准确地刻画中国制造业部门参与全球价值链分工的程度。最后，本部分利用中国制造业部门的面板数据模型分析了全球价值链分工对中国熟练劳动力相对就业的影响，并考察与不同国家开展的价值链分工对中国劳动力就业结构的影响。

（二）基于全球价值链分工的劳动力数量和国外增加值的计算方法

1. 相关概念和计算方法

基于全球价值链分工的劳动力数量是指一国某部门在生产产品的过程中，需要直接投入的本部门劳动力和间接拉动的本国其他部门劳动力数量的总和，反映与该部门产品生产相关联的国内劳动力含量。全球价值链分工将一国某部门产品的生产分解成各个不同环节并配置到国内外的各个部门，各相关部门投入劳动力、资本结合中间投入品开展相应环节的生产，并对产品的全球价值链贡献各自的增加值。与产品的全球价值链相对应，客观上也存在着一条分布于世界各地的全球劳动力链条。该链条涵盖该产品生产全过程所需投入的各类劳动力，既包括本国本部门及国内其他部门的劳动力，也包括国外相关部门的劳动力。如果把这一全球劳动力链条上的本国劳动力数量加总起来，就是所谓的一国某部门基于全球价值链分工的劳动力数量，显然，我们需要借助于投入产出表计算出这一劳动力数量，而一国单独的投入产出表固然可以测算某部门产品生产所需要投入和拉动的国内劳动力数量，但如果使用世界投入产出表测算，可以真正从全球价值链分工的视角充分考虑各国各部门之间的投入产出关系，准确描绘产品的全球价值链和全球劳动链，因此计算结果也更为精确。下面我们利用投入产出技术，简要介绍基于全球价值链分工的劳动力数量以及产品国外增加值的推导方法。

假设整个世界有 N 个国家，每个国家有 S 个部门，每个部门只生产一种产品，这样全世界可生产 SN 种产品。每种产品的产出用于满足国内外各个部门的中间需求和最终需求。我们用 i 表示产品来源国，用 j 表示目的地国，用 s 代表来源国部门，用 t 代表目的地国部门，则产品市场的出清条件可以写成如下形式

$$y_i(s) = \sum_j f_{ij}(s) + \sum_j \sum_t m_{ij}(s,t) \qquad (A-4-1)$$

其中，$y_i(s)$ 表示 i 国 s 部门的产出价值，$f_{ij}(s)$ 表示 j 国对 i 国 s 部门产品的最终使用，$m_{ij}(s, t)$ 表示 j 国 t 部门对 i 国 s 部门产品的中间使用。令 y 为 SN 维的包含世界各国各部门产出的列向量，定义 f 为对各国各部门产品的世界最终需求向量($SN \times 1$)，假设世界投入产出表的直接消耗矩阵为 $SN \times SN$ 的矩阵 A，其中的任意元素 $a_{ij}(s, t)$ 表示 i 国 s 部门的产品作为中间投入在 j 国 t 部门总产出中的比重。我们可以重新写出市场出清条件，即 $y = Ay + f$，经过整理得到基本的世界投入产出恒等式

$$y = (I - A)^{-1} f \qquad (A-4-2)$$

其中，I 是 $SN \times SN$ 的单位矩阵，$(I - A)^{-1}$ 为世界列昂惕夫逆矩阵，这个逆矩阵的第 m 行第 n 列给出了生产 1 单位最终产品 n 所需要的 m 部门产品的总产出价值。

本部分的目的是把对某种产品的最终需求与世界各国部门直接和间接参与该产品的生产而投入的劳动力数量和所贡献的增加值联系起来，因此，我们首先定义劳动力产出系数 $l_i(s)$ 为 i 国 s 部门生产单位产品所直接耗费的劳动力，然后构建一个 SN 维的劳动力产出系数向量 l，利用世界列昂惕夫逆矩阵，可得到为满足最终需求向量 f 所需要投入的劳动力向量 q

$$q = \hat{l}(I-A)^{-1}f \quad (A-4-3)$$

其中，$\hat{l}$ 是劳动力产出系数对角矩阵，该矩阵对角线上的元素与劳动力产出系数向量 l 的元素相同。至此，我们用 $\hat{l}(I-A)^{-1}$ 左乘任意最终需求向量，就可以得到与此最终需求向量对应的世界各国各部门投入的劳动力数量。我们将某国某部门产品生产过程中需要投入和拉动的本国劳动力数量加总起来，就是所谓的该部门基于全球价值链分工的劳动力数量。如果将劳动力划分为熟练劳动力和非熟练劳动力，我们还可以相应求出该部门基于全球价值链分工的熟练劳动力和非熟练劳动力数量。

同理，如果我们要计算某国某部门产品的增加值分布情况，可以用世界各国各部门的增加值系数对角矩阵 $\hat{a}$ 代替劳动力产出系数对角矩阵 $\hat{l}$，然后用 $\hat{a}(I-A)^{-1}$ 左乘任意最终需求向量，就可得到与此最终需求向量相对应的世界各国各部门在该产品生产过程中所贡献的增加值 v，即

$$v = \hat{a}(I-A)^{-1}f \quad (A-4-4)$$

从而可以将各部门产品的国内外增加值比例计算出来。

2. 数据来源

本部分计算中国制造业部门基于全球价值链分工的劳动力数量和产品国外增加值的数据均来源于世界投入产出数据库，该数据库由欧盟委员会资助编制，目前已发布 1995 ~2011 年连续的包含40 个国家、囊括35 个部门的世界投入产出表 17 张，是当前各国学者研究全球价值链分工和贸易增加值所广泛使用的权威数据库。除此以外，世界投入产出数据库的社会经济账户还包括 1995 ~2009 年世界各国部门层面的各类型劳动力数据。该劳动力数据参照联合国教科文组织发布的《国际教育标准分类》所界定的受教育程度，将劳动力细分为低技能、中技能和高技能劳动力。其中，低技能劳动要素即接受过初等教育和初级中等教育的劳动力；中技能劳动要素即接受过高级中等教育和中等后非高等教育的劳动力；高技能劳动要素包括接受过包括大学专科、本科和博士课程的高等教育的劳动力。为了研究方便，本部分将高技能劳动力定义为熟练劳动力，中技能和低技能劳动力定义为非熟练劳动力。值得注意的是，世界投入产出数据库中的各类

型劳动力数量是按照平均劳动小时数对劳动力人数进行折算的结果，单位为百万劳动小时。

（三）中国制造业部门基于全球价值链分工的劳动力数量和产品国外增加值

1. 中国制造业部门基于全球价值链分工的劳动力数量

从附表4－1计算的中国制造业部门基于全球价值链的熟练劳动力数量来看，随着经济规模的不断扩大和改革开放的日益深入，1995～2009年中国所有的制造业部门都经历了熟练劳动力就业数量上升的过程，平均增长幅度高达327.22%。一些制造业部门吸纳和拉动的熟练劳动力数量增长幅度很大，例如电气和光学设备制造业，木材、木材产品和软木制造业，运输设备制造业等。1995年，电气和光学设备制造业部门基于全球价值链分工的熟练劳动力数量为2150百万小时，到2009年已经上升到17442百万小时，增长了711%，说明该部门作为高新技术产品比较密集的部门，随着产出的不断增长，在生产过程中也日益需要投入较多的熟练劳动力，而且随着部门之间分工的不断深化，该部门所拉动的国内其他部门的熟练劳动力也不断增多。熟练劳动力数量增幅较少的部门有其他非金属矿产品业、资源回收业以及皮革、皮革制品和鞋类制造业等。从绝对值水平来看，1995年，基于全球价值链分工的熟练劳动力数量较多的部门是基本金属和金属制品业、电气和光学设备制造业以及化学品和化工产品制造业，到2009年，熟练劳动力数量较多的部门分别是电气和光学设备制造业、基本金属和金属制品业、化学品和化工产品制造业。

附表4－1　中国制造业部门基于全球价值链分工的熟练劳动力数量

单位：百万小时

部门＼年份	1995	1997	1999	2001	2003	2005	2007	2009
食品、饮料和烟草	1678	2179	2322	2669	3293	4302	5431	6254
纺织原料及纺织制品	1684	1581	1791	2417	3144	4014	4835	5609

续表

部门＼年份	1995	1997	1999	2001	2003	2005	2007	2009
皮革、皮革制品和鞋类	392	463	504	670	845	951	1036	1204
木材、木材产品和软木	308	412	463	625	802	1092	1393	1680
纸浆、纸张、印刷和出版	654	791	875	1038	1249	2073	2267	2707
焦炭、精炼石油及核燃料	557	637	708	966	1160	1469	1503	1849
化学品和化工产品	1908	2298	2470	2813	3812	5164	7444	9068
橡胶和塑料制品	764	1039	1147	1364	1725	2391	3124	3785
其他非金属矿产品	1535	1902	1781	1957	2282	2934	3456	4066
基本金属和金属制品	3276	4006	3798	4079	5331	7466	10446	12592
机械电气产品	1883	2016	2142	2638	3584	4969	6530	8228
电气和光学设备	2150	2783	3553	4539	6292	9903	13194	17442
运输设备	1245	1455	1650	1910	2986	4062	5387	6705
资源回收业	328	332	402	507	581	647	749	886

资料来源：根据历年世界投入产出表计算得到。

从附表 4－2 展示的中国制造业各部门基于全球价值链分工的非熟练劳动力数量来看，绝大部分部门在 1995～2009 年所吸纳和拉动的非熟练劳动力数量也呈增长态势，平均增幅为 83.33%，低于熟练劳动力数量的平均增幅。以电气和光学设备制造业为例，该部门基于全球价值链分工的非熟练劳动力在此期间增长了 227%，其他部门如木材、木材产品和软木制造业拉动的非熟练劳动力增长了 167%，橡胶和塑料制品业增长了 99%。这些部门吸收和拉动了大量本部门和国内其他部门的非熟练劳动力，解决了大量就业岗位。当然，个别制造业部门也经历了非熟练劳动力数量下降的情况，例如其他非金属矿产品制造业部门吸纳和拉动的非熟练劳动力在 1995～2009 年就出现下滑的趋势，1995 年该部门基于全球价值链分工的非熟练劳动力数量为 78877 百万小时，到 2009 年这一数量下降到 73729 百万小时，比 1995 年减少了 7%。

附表 4－2　中国制造业部门基于全球价值链分工的非熟练劳动力数量

单位：百万小时

部门＼年份	1995	1997	1999	2001	2003	2005	2007	2009
食品、饮料和烟草	206399	232081	214147	202303	228987	261868	320125	319501
纺织原料及纺织制品	133512	113937	116859	134075	157390	180853	212555	222546
皮革、皮革制品和鞋类	30635	33632	33995	39154	46003	49377	52336	54629
木材、木材产品和软木	24983	29913	30105	35351	41802	51677	61795	66666
纸浆、纸张、印刷和出版	36170	38928	38135	37494	37651	57246	64177	69536
焦炭、精炼石油及核燃料	19835	19992	19023	20599	19756	20866	21185	24881
化学品和化工产品	72722	78645	72126	66776	77134	89016	125149	140605
橡胶和塑料制品	40169	48598	49236	50252	52924	60167	72552	80048
其他非金属矿产品	78877	85497	66074	60265	58233	59755	69290	73729
基本金属和金属制品	111550	120067	102148	91906	98218	110675	150439	171706
机械电气产品	62807	60070	55723	57633	65000	72869	94584	110618
电气和光学设备	65074	76007	84074	90987	104553	132246	173583	212541
运输设备	38558	40439	40011	39102	51363	57189	74660	86707
资源回收业	28049	24951	29446	29323	29107	28611	30311	32150

资料来源：根据历年世界投入产出表计算得到。

那么中国制造业部门基于全球价值链分工的熟练劳动力相对就业水平呈现何种变动趋势？从附图 4－1 所示的计算结果可以看出，1995～2009 年所有的中国制造业部门吸纳和拉动的熟练劳动力的相对就业均呈现上升趋势，特别是 2004 年以来，随着中国日益融入全球生产和贸易网络，许多制造业部门在生产产品过程中直接吸纳和间接拉动相当数量的熟练劳动力，熟练劳动力相对就业水平出现快速增长，电气和光学设备制造业、运输设备制造业、机械电气产品制造业、基本金属和金属制品业等部门熟练劳动力的相对就业水平较高。

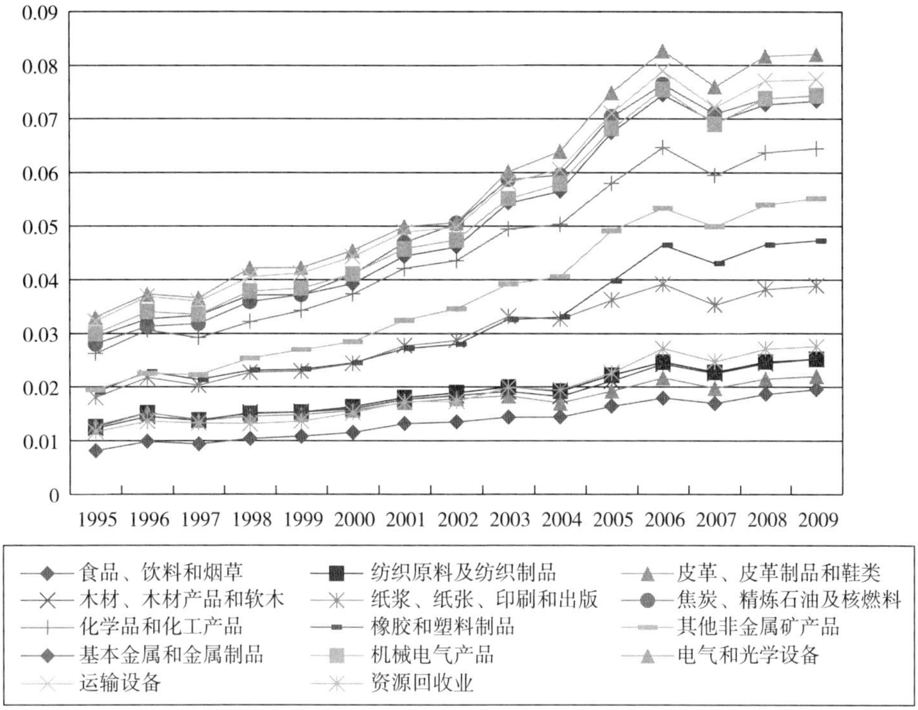

附图 4－1 中国制造业部门基于全球价值链分工的熟练劳动力相对就业水平

资料来源：根据历年世界投入产出表计算得到。

中国制造业部门基于全球价值链分工的熟练劳动力相对就业水平的增加有以下两方面原因：第一，随着经济社会的发展，先进技术不断应用于制造业和服务业领域，特别是高新技术部门，所以势必会增加各部门对熟练劳动力的相对需求。因为这部分劳动力的受教育程度较高，可以操作更为先进的机器设备如计算机等，而非熟练劳动力或低技能劳动力由于受教育较少，无法熟练操作这些自动化设备。因此，随着社会各部门用工需求结构的变化，非熟练劳动力的相对需求下降，从而会出现非熟练劳动力相对就业下降的趋势。第二，全球价值链分工的日益深化对相关国家的劳动力就业结构产生了影响，根据 Feenstra 等（1996）的外包理论，发达国家在把某些环节外包出去之后，国内余下部门的熟练劳动密集度比较高，而发展中国家承接的生产环节的熟练劳动密集度在国内也相对较高，因此，不论是发达国家还是发展中国家，在参与全球价值链分工后都可能出现熟练劳动力相对就业提高的现象，Helg 和 Tajoli（2005）、Hijzen 等（2005）以及 Hsieh（2005）也得出类似结论。

2. 中国制造业部门产品的国外增加值比例

我们再来观察中国制造业部门产品的国外增加值比例的变动情况，从附图 4－2 可以发现，1995～2009 年中国制造业部门产品的国外增加值比例基本呈现增长趋势，表明制造业部门参与全球价值链的程度在不断提高，当然近年来这一比例有所下降。

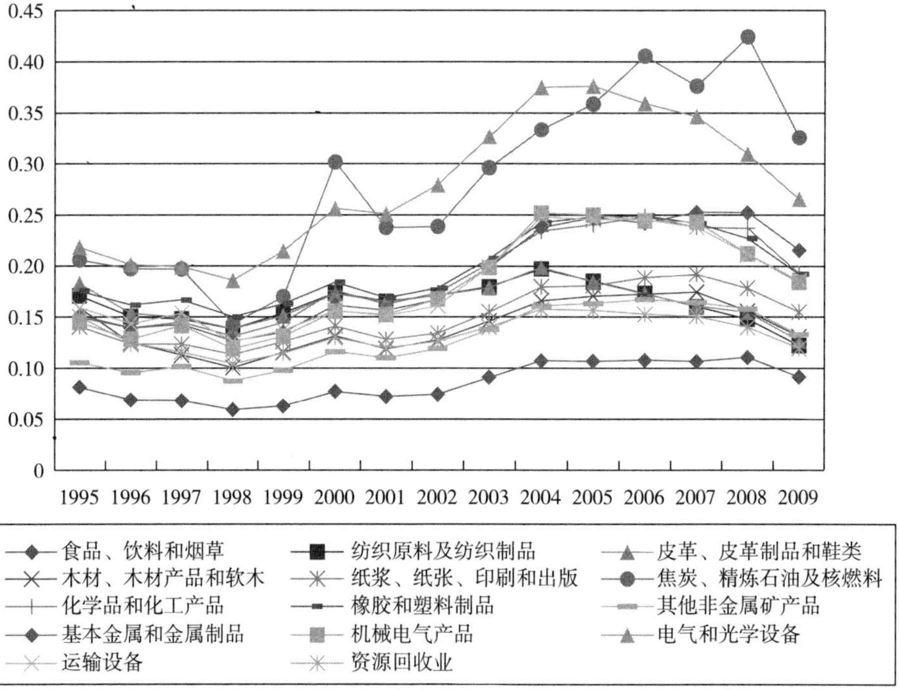

附图 4－2　中国制造业部门产品的国外增加值比例

资料来源：根据历年世界投入产出表计算得到。

从各制造业部门产品的国外增加值比例的绝对值来看，2009 年，焦炭、精炼石油及核燃料，电气和光学设备，基本金属和金属制品的国外增加值比例较高，分别达到0.326、0.266 和0.216。从各制造部门产品的国外增加值比例的增加幅度来看，焦炭、精炼石油及核燃料制造业产品的国外增加值比例增长最快，从 1995 年的 0.2057 增长到 2009 年的 0.3260，增长了58.48%。基本金属和金属制品业产品的国外增加值比例在此期间上升了42.36%，化学品和化工产品的国外增加值比例增长了 28.99%，机械电气产品的国外增加值比例提高了 27.02%。个别制造业部门的产品如皮革、皮革制品和鞋类产品，纺织原料及纺织制品，资源回收产品和木材产品的国外增加值比例在此期间出现了下降，表明这些部门的产品在生产过程中投入了越来越多的国内投入品，产品的国内增加值在不断提高。

总之，我们发现 1995 ~2009 年中国制造业部门基于全球价值链分工的熟练劳动力的相对就业呈现增长态势，与此同时，制造业部门产品中的国外增加值比例也经历了稳定增长的趋势，那么，中国制造业部门通过参与全球价值链分工能否对本国熟练劳动力的相对就业产生促进作用？下面，我们利用面板数据计量模型对此进行经验分析。

（四）全球价值链分工对中国熟练劳动力相对就业的影响

1. 模型设定与变量说明

关于模型设定，我们借鉴了 Feenstra 等（1996）以及 Helg 和 Tajol（2005）的模型，被解释变量是各部门基于全球价值链分工的熟练劳动力相对就业，衡量各部门参与全球价值链分工程度的产品国外增加值比例作为主要的解释变量。由于制造业部门的技术水平也对熟练劳动力的相对就业有较大影响，在此加入研发变量作为控制变量。由于本部分使用的是面板数据模型，还需要考虑各制造业部门的截面效应，因此，最终的计量模型设定如下

$$\log SK_{it} - \beta_0 + \beta_1 \log Y_{it} + \beta_2 \log K_{it} + \beta_3 \log RD_{it} + \beta_4 \log FV_{it} + \alpha_i + \varepsilon_{it} \tag{A-4-5}$$

其中，SK_{it}表示 i 部门在 t 时期基于全球价值链分工的熟练劳动力相对于非熟练劳动力的就业比率；Y_{it}表示 i 部门在 t 时期的产出水平，用来衡量各制造业部门的经济规模，这里采用部门的工业总产值来表示；K_{it}表示 i 部门在 t 时期的资本存量与总产出的比率，衡量部门的资本深化程度；RD_{it}表示 i 部门在 t 时期的研发投入与总产出的比率，使用部门科技活动经费内部支出占总产出的比率来表示；FV_{it}表示 t 时期 i 部门产品的国外增加值比例，用来衡量部门参与全球价值链分工的程度；β_0 为常数项，α_i 表示 i 部门不可观测的截面效应，ε_{it}为随机扰动项。

本部分所使用的变量数据主要来源于世界投入产出数据库，其中，中国制造业部门基于全球价值链分工的熟练劳动力的相对就业数据和制造业产品的国外增加值比例已经在前面计算出来，在此直接使用。各制造业部门的产出数据和资本深化数据来自世界投入产出数据库中的社会经济账户。研发数据从历年的《中国科技统计年鉴》中获取，由于该年鉴中的制造业部门划分与世界投入产出数据库的制造业部门划分有所不同，在此，我们对前者的制造业相关部门进行合并，整合成世界投入产出表中的 14 个制造业部门。

2. 回归结果分析

由于回归数据是包含 1995 ~ 2009 年 14 个部门的面板数据，所以我们首先进行面板模型选择。我们进行 Hausman 检验，Hausman 值为 53.68，在 1% 的显著性水平上拒绝零假设，因此采用固定效应模型进行估计。由于面板数据模型中可能存在自相关和异方差，我们采用截面加权方法进行最小二乘法估计，并选择面板修正标准误差方法。对于回归残差，我们进行面板数据的单位根检验，显示不存在单位根，回归结果有效。

从附表 4 - 3 的回归情况来看，调整后的拟合优度为 0.9814，且总体回归的 F 值在 1% 的显著性水平上显著，表明方程总体回归良好。从具体的回归系数来看，总产出变量的估计系数为 0.3560，而且 t 值非常显著，通过 1% 的显著性水平检验，表明中国制造业部门总产出增加 1%，会使国内熟练劳动力的相对就业水平提高 0.356%，产出与熟练劳动力的相对就业呈正向关系。资本产出比率衡量制造业部门资本深化的程度，该变量的回归系数为0.2933，且在1%的显著性水平上显著，表明当资本产出比率提高1%，将提高熟练劳动力的相对就业0.2933%，说明资本深化对中国熟练劳动有互补作用。我们发现，研发比率系数为-0.0036，系数符号与理论预期不符，但该系数没有通过显著性检验。我们重点关注全球价值链分工指标，即制造业部门产品的国外增加值比例的回归系数，该系数为0.2267，且在1%的显著性水平上显著，表明随着中国制造业参与全球价值链分工的程度不断加深，会促进中国国内各部门增加对熟练劳动力的相对需求，导致熟练劳动力的相对就业水平提高，具体而言，制造业部门产品的国外增加值比例提高1%，会促进国内各部门熟练劳动力的相对就业提高0.2267%。由此可见，制造业参与全球价值链分工有助于优化国内的劳动力就业结构。

附表4-3　制造业参与全球价值链分工对中国熟练劳动力相对就业的影响

解释变量	回归系数	标准差	t值
log(*Y*)	0.3560***	0.0117	30.4286
log(*K*)	0.2933***	0.0430	6.8137
log(*RD*)	-0.0036	0.0184	-0.1969
log(*FV*)	0.2267***	0.0362	6.2577
常数项	-7.5361***	0.2579	-27.6555
调整后的 R^2	0.9814	F值	652.2158

注：***表示通过1%的显著性水平检验。

中国制造业部门产品中蕴含来自不同国家和地区的增加值，那么中国制造业部门在与这些不同国家或地区开展全球价值链分工会对本国劳动力就业结构产生何种差异化影响？下面，我们将制造业部门产品的国外增加值进行分解，分成源自欧元区国家、非欧元区的欧盟国家、北美区国家（包括美国、加拿大和墨西哥）、东亚地区（包括日本、韩国和中国台湾）、BRIIAT国家（包括巴西、俄罗斯、印度、印度尼西亚、澳大利亚和土耳其）和其他所有国家的增加值，然后利用这些不同来源的国外增加值对中国熟练劳动力的相对就业进行回归分析，考察不同类型的全球价值链分工对中国劳动力就业结构的影响，回归结果如附表 4 - 4 所示。

附表 4 - 4　源自不同经济体的增加值对中国熟练劳动力相对就业的影响

解释变量	模型 1	模型 2	模型 3	模型 4	模型 5	模型 6
log（*Y*）	0.3221 *** (0.0153)	0.4224 *** (0.0145)	0.4466 *** (0.0145)	0.4181 *** (0.0106)	0.3954 *** (0.0193)	0.3224 *** (0.0191)
log（*K*）	0.2790 *** (0.0419)	0.2725 *** (0.0427)	0.3240 *** (0.0425)	0.4602 *** (0.0477)	0.2746 *** (0.0452)	0.2161 *** (0.0497)
log（*RD*）	-0.0044 (0.0183)	0.0833 *** (0.0188)	0.0793 *** (0.0230)	0.0152 (0.0175)	0.0590 *** (0.0182)	0.0075 (0.0210)
log（*FV*）	0.2240 *** (0.0354)	-0.1324 *** (0.0441)	-0.1790 *** (0.0331)	0.2507 *** (0.0346)	-0.0069 (0.0380)	0.1450 *** (0.0263)
常数项	-6.4007 *** (0.3366)	-8.8374 *** (0.3909)	-9.0780 *** (0.3199)	-7.2584 *** (0.2271)	-7.9529 *** (0.4065)	-6.8991 *** (0.3047)
调整后的 R^2	0.9814	0.9818	0.9837	0.9830	0.9803	0.9814
F 值	669.94 ***	663.66 ***	744.20 ***	713.06 ***	611.68 ***	649.55 ***

注：*** 表示通过 1% 的显著性水平检验，括号内为标准差。

模型 1 表明中国制造业产品中来自欧元区国家的国外增加值对中国熟练劳动力的相对就业有正向的提升作用，当中国制造业部门与欧元区国家展开全球价值链分工后，欧元区国家在中国制造业部门产品中的增加值提高 1%，中国熟练劳动力的相对就业将提高 0.2240%，这说明与欧元区国家开展全球价值链分工有助于优化中国劳动力的就业结构。由于模型中的其他变量不是本部分的关注重点，我们不再讨论其回归系数的大小和符号问题。模型 2 分析了来自非欧元区的欧洲国家增加值对中国熟练劳动力相对就业的影响，我们看到该国外增加值的回归系数为 -0.1324，表明中国与这些国家展开的全球价值链分工不利于国内熟练劳动力相对就业的提高，即来自于该区域国家的增加值对中国熟练劳动力构成替代。一般来说，欧元区国家转移到中国的生产环节，其技术密集度要高于非欧元区国家转移的生产环节（Ekholm & Hakkala，2008）。所以，承接欧元区国家的生产环节转移可以提高对中国熟练劳动力的需求。模型 3 的回归结果表明，中国制造业产品中来自美国、加拿大和墨西哥的增加值提高 1%，会使中国熟练劳动力的相对就业下降 0. 179%。模型 4 的回归系数表明来自东亚地区的增加值提高 1%，会促进中国熟练劳动力相对就业提高 0. 2507%。模型 5 表明中国与 BRIIAT 国家之间的全球价值链分工，会降低中国熟练劳动力的相对就业，但回归系数没有通过显著性水平检验。模型 6 的回归结果显示，中国制造业部门产品中源自其他国家和地区的增加值提高 1%，会使熟练劳动力的相对就业提高 0. 1450%，提升效果比较明显。以上经验分析表明，开展全球价值链分工的贸易伙伴对中国熟练劳动力的相对就业具有异质性影响，与欧元区、东亚区和其他国家地区展开的全球价值链分工有助于中国提升熟练劳动力的相对就业水平。

（五）结论和政策建议

本部分利用世界投入产出数据库计算了 1995 ~ 2009 年中国制造业部门基于全球价值链分工的熟练劳动力和非熟练劳动力数量，并分析了熟练劳动力相对就业的发展趋势，发现几乎所有部门在此期间都经历了熟练劳动力相对就业上升的过程。本部分接着利用世界投入产出表计算了中国制造业部门产品的国外增加值比例，发现 1995 ~ 2009 年绝大部分制造业部门都积极参与全球价值链分工，产品的国外增加值比例稳步上升。我们采用面板数据模型考察了全球价值链分工对于中国熟练劳动力相对就业的影响，发现从总体上看，制造业部门参与全球价值链分工可以促进中国劳动力就业结构的改善，提升熟练劳动力的相对就业。本部分对中国制造业部门产品的国外增加值进行区域分解，发现制造业部门与欧元区国家、东亚区经济体以及其他国家展开的全球价值链分工可以显著提升中国熟练劳动力的相对就业，而与欧洲的非欧元区国家、北美区国家展开的全球价值链分工则对国内熟练劳动力的相对就业有负面影响，与巴西、俄罗斯、印度、印度尼西亚、澳大利亚和土耳其等国家开展的全球价值链分工对国内熟练劳动力的相对就业没有显著影响。

本部分的政策启示是：第一，中国制造业部门参与全球价值链分工虽然获取相对较少的贸易收益，但是创造了较多的劳动力就业岗位，并且从总体来看，有利于中国劳动力市场就业结构的改善，提高熟练劳动力的相对就业水平。因此，中国制造业部门应当继续积极参与全球价值链分工，充分利用和发挥这种新型国际分工所带来的劳动力就业结构改善效应。第二，为进一步提高熟练劳动力的相对就业水平，中国制造业部门在参与全球价值链分工时可以考虑分工伙伴的选择问题，积极主动地与欧元区国家、东亚区经济体以及其他相关国家加强全球价值链的分工与合作，更好地促进中国熟练劳动力的相对就业。第三，中国有关部门应当继续提高劳动力的素质，加大对普通高等教育和高等职业技术教育的投入和改革力度，培育更多的熟练劳动力，鼓励他们从事全球价值链中的高端环节工作，从而在优化劳动力就业结构的基础上获取更多的全球化贸易收益。

参考文献

[1] Antras P, Chor D, Fally T, Hillberry R. Measuring the Upstreamness of Production and Trade Flows [J]. American Economic Review, 2012, 102 (3): 412 -416.

[2] Antras P, Chor D. Organizing the Global Value Chain [J]. Econometrica, 2013, 81 (6): 2127 -2204.

[3] Arndt. Globalization and the Open Economy [J]. North American Journal of Economics and Finance, 1997, 8 (1): 71 -79.

[4] Backer K D, Miroudot S. Mapping Global Value Chains [Z]. OECD Trade Policy Papers. No. 159, 2013.

[5] Bernard A, Jensen J B, Redding S, Schott P. Firms in International Trade [J]. Journal of Economic Perspectives, 2007, 21 (3): 105 -130.

[6] Chen X, Cheng L K, Fung K C, Lau L J, Sung Y W, Zhu K, Duan Y. Domestic Value Added and Employment Generated by Chinese Exports: A Quantitative Estimation [J]. China Economic Review, 2012, 23 (4): 850 -864.

[7] Daria T, Winkler D. Making Global Value Chains Work for Development [M] . World Bank, 2016.

[8] Daudin G, Rifflart C, Schweisguth D. Who Produces for Whom in the World Economy [J]. Canadian Journal of Economics, 2011, 44 (4): 1403 -1437.

[9] Dietzenbacher E, Romero. Production Chains in an Interregional Frame-

work: Identification by Means of Average Propagation Lengths [J]. International Regional Science Review, 2007, 30 (4): 362 -383.

[10] Dean J, Fung K C, Wang Z. Measuring the Vertical Specialization in Chinese Trade [Z]. USITC Office of Economics Working Paper, 2007.

[11] Fally T. On the Fragmentation of Production in the US [Z]. University of Colorado Working Paper, 2011.

[12] Fally T, Russell H. Quantifying Upstreamness in East Asia: Insights from a Coasian Model of Production Staging [Z]. UC Berkeley ARE Working Paper, 2013.

[13] Feenstra R C, Hanson G H. Globalization, Outsourcing and Wage Inequality [J]. American Economic Review, 1996, 86 (2): 240 -245.

[14] Feenstra R C, Hanson G H. Foreign Direct Investment and Relative Wages: Evidence from Mexico's Maquiladoras [J]. Journal of International Economics, 1997, 42 (3): 371 -393.

[15] Feenstra R C, Hanson G H. The Impact of Outsourcing and High - Technology Capital on Wages: Estimates for the United States, 1979 -1990 [J]. Quarterly Journal of Economics, 1999, 114 (3): 16 -35.

[16] Frank den B, Christiaan P. Productivity Gains from Offshoring [Z]. Tinbergen Institute Discussion Paper, 2007.

[17] Grossman G, Esteban R. A Simple Theory of Offshoring [J]. American Economic Review, 2008, 98 (5): 1978 -1997.

[18] Helg R, Tajoli L. Patterns of International Fragmentation of Production and Implications for Labor Markets [J]. North American Journal of Economics and Finance, 2005, 16 (2): 235 -254.

[19] Hijzen A, Gorg H, Hine R C. International Outsourcing and the Skill Structure of Labor Demand in the United Kingdom [J]. The Economic Journal, 2005, 115 (506): 860 -878.

[20] Hsieh W. The Impact of Outsourcing to China on Hong Kong Labor Mar-

ket [J]. American Economic Review, 2005, 95 (5): 1673 – 1687.

[21] Hummels D, Ishii J, Yi K. The Nature and Growth of Vertical Specialization in World Trade [J]. Journal of International Economics, 2001, 54 (1): 75 – 96.

[22] Inomata S. A New Measurement for International Fragmentation of the Production Process: An International Input – output Approach [Z]. IDE Discussion Paper. No. 175, 2008.

[23] Johnson R C, Guillermo N. Accounting for Intermediates: Production Sharing and Trade in Value Added [J]. Journal of International Economics. 2012, 86 (2): 224 – 236.

[24] Ju J, Yu X. Productivity, Profitability, Production and Export Structures along the Value Chain in China [J]. Journal of Comparative Economics, 2015, 43 (1): 33 – 51.

[25] Koopman R, Powers W, Wang Z, Wei S J. Give Credit to Where Credit is Due: Tracing Value Added in Global Production Chains [Z]. NBER Working Paper. No. 16426, 2010.

[26] Koopman R, Wang Z, Wei S J. Estimating Domestic Content in Exports When Processing Trade Is Pervasive [J]. Journal of Development Economics, 2012, 99 (1): 178 – 189.

[27] Martin F, Fei P. The Increasing Service Intensity of European Manufacturing [J]. The Service Industries Journal, 2011, 2 (7): 1 – 21.

[28] Miller R E, Temurshoev U. Output Upstreamness and Input Downstreamness of Industries/Countries in World Production [Z]. GGDC Working Paper, 2013.

[29] OECD, WTO. Statistics on Trade in Value Added [M]. doi: 10. 1787/data – 00648 – en, 2013.

[30] Szalavetz A. Tertiarization of Manufacturing Industry in the New Economy: Experience in Hungarian Companies [Z]. Hungarian Academy of Sciences

Working Papers, 2003.

[31] Tang H W, Wang F, Wang Z. The Domestic Segment of Global Supply Chains in China Under State Capitalism [Z]. World Bank Working Paper, 2014.

[32] Timmer M P. The World Input - output Database: Contents, Sources and Methods [Z]. WIOD Working Paper, 2012.

[33] Vandermerwe S, Juan R. Servitization of Business: Adding Value by Adding Services [J]. European Management Journal, 1989, 6 (4): 314 -324.

[34] Wang Z, Wei S - J, Zhu K. Quantifying International Production Sharing at the Bilateral and Sector Levels [Z]. NBER Working Paper, 2013.

[35] Wang Z, Wei S - J, Yu X, Zhu K. Measures of Participation in Global Value Chains and Global Business Cycles [Z]. NBER Working Paper, 2017a.

[36] Wang Z, Wei S - J, Yu X, Zhu K. Characterizing Global Value Chains: Production Length and Upstreamness [Z]. NBER Working Paper, 2017b.

[37] Yi KM. Can Vertical Specialization Explain the Growth of World Trade [J]. The Journal of Political Economy, 2003, 3 (111): 52 -102.

[38] 陈晓华，刘慧．国际分散化生产工序上游度的测度与影响因素分析[J]. 中南财经政法大学学报，2016 (4): 122 -131.

[39] 程盈莹，逯建．国际垂直专业化对劳动力就业结构的影响——基于中国工业行业数据的实证检验[J]. 国际商务，2013 (6): 73 -83.

[40] 邓军．所见非所得：增加值贸易统计下的中国对外贸易特征[J]. 世界经济研究，2014 (1): 35 -40.

[41] 顾国达，周蕾．全球价值链角度下我国生产性服务贸易的发展水平研究——基于投入产出方法[J]. 国际贸易问题，2010 (5): 61 -69.

[42] 郭怀英．制造业服务化趋势及其启示[J]. 产业经济评论，2013 (6): 21 -27.

[43] 樊茂清，黄薇．基于全球价值链分解的中国贸易产业结构演进研究[J]. 世界经济，2014 (2): 50 -70.

[44] 何祚宇，代谦．上游度的再计算与全球价值链[J]. 中南财经政法

大学学报，2016（1）：132－138.

［45］黄灿．垂直专业化贸易对我国就业结构的影响——基于省际面板数据的分析[J]. 南开经济研究，2014（4）：64－77.

［46］江小涓等．服务全球化与服务外包：现状、趋势及理论分析［M］. 北京：人民出版社，2008.

［47］刘继国，赵一婷．制造业中间投入服务化趋势分析——基于OECD中9个国家的宏观实证[J]. 经济与管理，2006（9）：9－12.

［48］刘继国．制造业企业投入服务化战略的影响因素及其绩效：理论框架与实证研究[J]. 管理学报，2008（3）：237－242.

［49］倪红福，龚六堂，夏杰长．生产分割的演进路径及其影响因素——基于生产阶段数的考察[J]. 管理世界，2016（4）：10－23.

［50］苏庆义，高凌云．全球价值链分工位置及其演进规律[J]. 统计研究，2015（12）：44－53.

［51］王岚．融入全球价值链对中国制造业国际分工地位的影响[J]. 统计研究，2014（5）：17－23.

［52］卫瑞，张文城，张少军．全球价值链视角下中国增加值出口及其影响因素[J]. 数量经济技术经济研究，2015（7）：3－20.

［53］文东伟，冼国明．中国制造业的垂直专业化与出口增长[J]. 经济学季刊，2010（4）：467－494.

［54］尹伟华．中国制造业产品全球价值链的分解分析——基于世界投入产出表视角[J]. 世界经济研究，2016（1）：66－75.

［55］杨文芳，方齐云．产品内国际生产分工对中国的劳动需求效应分析——基于制造业转移承接国的视角[J]. 财贸研究，2010（5）：55－62.

［56］杨玉英．生产性服务业与经济发展关联性的经验分析[J]. 经济学动态，2010（11）：40－44.

［57］臧旭恒，赵明亮．垂直专业化分工与劳动力市场就业结构——基于中国工业行业面板数据的分析[J]. 中国工业经济，2011（6）：47－57.

［58］周升起，兰珍先，付华．中国制造业在全球价值链国际分工地位

再考察——基于 Koopman 等的 GVC 地位指数[J]. 国际贸易问题，2014（2）：3－12.

[59] 张杰，陈志远，刘元春. 中国出口国内附加值的测算与变化机制[J]. 经济研究，2013（10）：124－137.

[60] 祝坤福，陈锡康，杨翠红. 中国出口的国内增加值及其影响因素分析[J]. 国际经济评论，2013（4）：116－127.